Ulrich Koglin · Achim Tacke

Landpartie 2

Im Norden unterwegs

Ulrich Koglin · Achim Tacke

Landpartie 2

Im Norden unterwegs

Oldenburger Land, Ostholstein, Nordheide, Müritz-Region

schlütersche

Die Deutsche Bibliothek – CIP-Einheitsaufnahme

Koglin, Ulrich:
Landpartie 2 : Im Norden unterwegs / Ulrich Koglin; Achim Tacke.
[Hrsg.: Norddeutscher Rundfunk, Hamburg]. – Hannover : Schlütersche
2. – (2002)
ISBN 3-87706-858-8

Verlag:	Schlütersche GmbH & Co. KG, Verlag und Druckerei Hans-Böckler-Allee 7, 30173 Hannover
Herausgeber:	Norddeutscher Rundfunk Hamburg

Lizensiert durch NDR MEDIA GMBH

Redaktionelle Mitarbeit:	Saskia Langhans, NDR
Skizzen:	Werner Pollak
Titelfotos:	Ulrich Koglin, Achim Tacke, Ingo Wandmacher
Fotos:	Soweit nicht anders vermerkt, stammen alle Fotos von den Autoren.
Koordination:	Karin Rau, NDR MEDIA GMBH Claudia Flöer, Schlütersche Harriet Assel, Schlütersche

Gestaltung:	Schlütersche GmbH & Co. KG, Verlag und Druckerei, Hannover
Satz und Litho:	PER Digitaler Workflow GmbH, Braunschweig
Druck:	Rasch Druckerei und Verlag, Bramsche
Bindung:	Bramsche Buchbinder Betriebe, Bramsche

Inhalt

Vorwort

Zuschriften nicht nur aus Norddeutschland sondern auch aus dem Süden der Republik, aus der Schweiz, aus Österreich und anderen europäischen Ländern belegen: Immer mehr Menschen wollen sich den Autoren Ulrich Koglin und Achim Tacke auf einer »Landpartie – Im Norden unterwegs« anvertrauen, wollen sich von der liebenswerten und kompetenten Moderatorin Heike Götz durch eine der schönen Regionen Norddeutschlands führen lassen. Insofern ist es nur konsequent, dass vier der Touren aus dem vergangenen Jahr sich zum Nachlesen, zum Inspirierenlassen oder einfach nur zum Träumen von der ländlichen Idylle in einem zweiten Landpartie-Buch wiederfinden, das auch die Verantwortlichen in der Redaktion des Norddeutschen Fernsehens nicht ohne Stolz hier vorlegen.

Kleine Geschichten über Dreharbeiten, über die Menschen, die uns im ländlichen Raum begegneten und über regionale Naturschönheiten und wirtschaftliche Besonderheiten, garniert mit herrlichen Bildern, nützlichen Tourentipps und einigen Rezepten, die in den Sendungen ausprobiert wurden, sind Inhalt auch dieses zweiten Buches. Ich bin sicher, dass diese attraktive Mischung aus Unterhaltung und Information genauso gefallen wird, wie die 8 neuen Fernsehproduktionen der Landpartie, die wir für 2002 mit dem bewährten Team wieder drehen wollen und die vielleicht dann Eingang in ein weiteres Buch finden könnten.

Hamburg, im Frühjahr 2002

Dirk Bergmann

Liebe Landpartie-Zuschauer und -Leser!

»Sind Sie nicht die, die immer mit dem Fahrrad fährt?« Ja, die bin ich. Ohne das Fahrrad wäre die Landpartie inzwischen nicht mehr denkbar. Dabei war es zunächst so eine Art Notlösung. Aber nun radel ich schon seit 15 Sendungen kreuz und quer durch Norddeutschland. Und besuche Bauern, Fischer, Gärtner und Köche. Manchmal auch Pferdezüchter, Schäfer oder Künstler. Auf alle Fälle Menschen, die etwas zu erzählen haben. Und zu zeigen. Ihren Alltag nämlich. Melken, ernten oder kochen – das klingt für Stadtmenschen zunächst einmal nicht besonders aufregend. Deshalb frage ich, stellvertretend für Sie, liebe Zuschauer: Wie geht das? Warum machen sie das so und nicht anders? Wie sind Sie dazu gekommen? Kann man davon leben? Oder auch: Darf ich mal kosten?

Und fast immer drängt es mich, mitzumachen. Auf den Traktor zu steigen, die Fische gemeinsam aus dem Netz zu holen oder Gemüse zu schnippeln. So erzählt es sich einfach besser. Und manchmal vergessen wir dabei sogar, dass uns drei Kameras zuschauen. Und damit so etwa 1 Million Zuschauer bundesweit. Ich danke allen, die uns und damit Ihnen bereitwillig Haus-, Hof- oder Stalltüren geöffnet haben. Die uns einen Teil ihres Alltags gezeigt haben. Und der ist spannender, als sich so mancher zunächst vorstellen konnte. Und ich danke meinem überaus engagierten Team.

Ohne die vielen Kollegen könnten Sie, liebe Zuschauer, die Landpartie nicht zu Hause im Fernsehsessel genießen. Und wenn Ihnen die Sendung gefällt, hat sich unsere Arbeit gelohnt. Vielen Dank fürs Zuschauen.

Vielleicht kommen wir ja demnächst mal bei Ihnen vorbei. Es wird bestimmt spannend. Zunächst aber erstmal viel Spaß beim Lesen und Blättern wünscht Ihnen

Ihre Heike Götz
(die Frau mit dem Fahrrad).

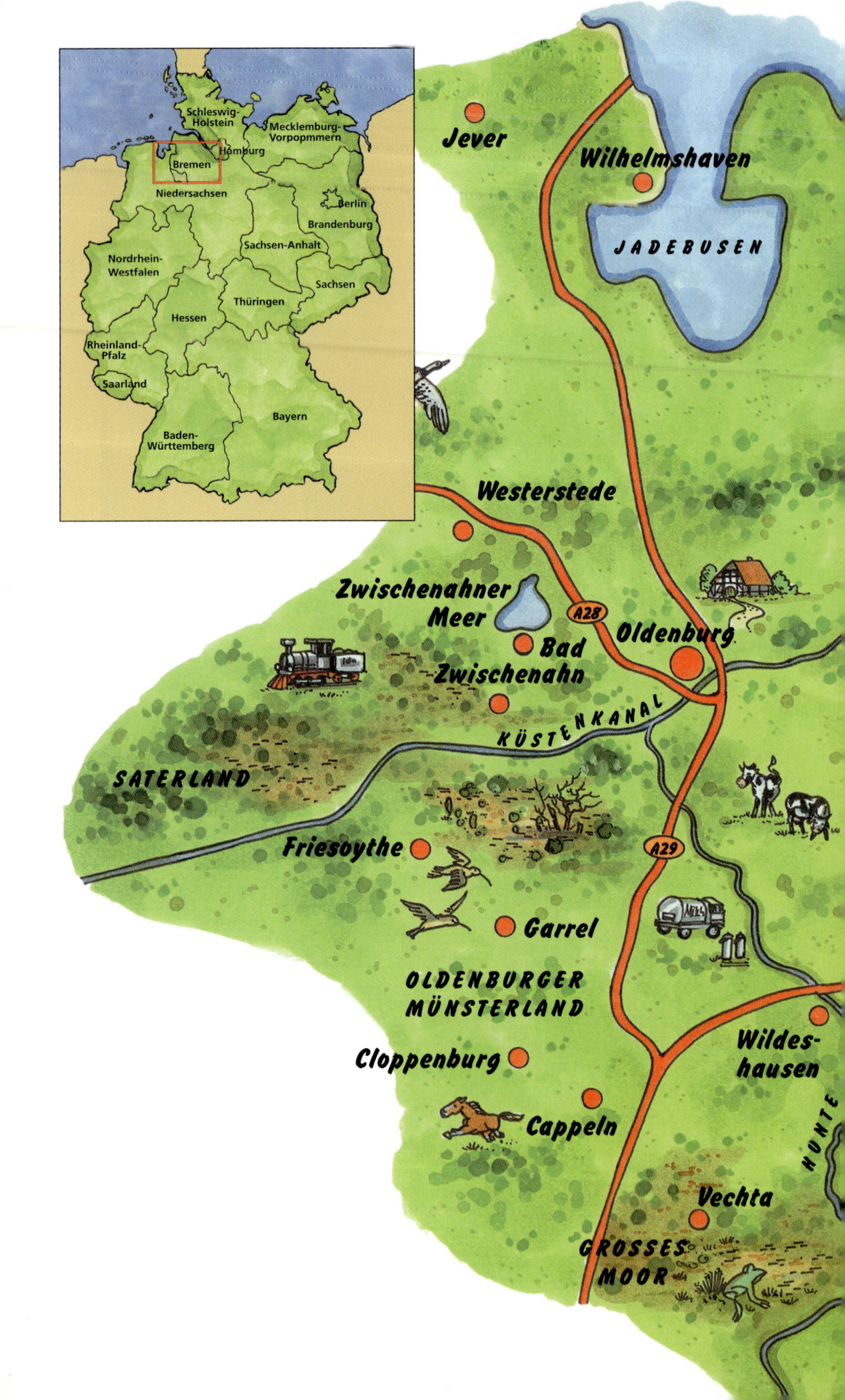
Schleswig-Holstein
Mecklenburg-Vorpommern
Hamburg
Bremen
Niedersachsen
Berlin
Brandenburg
Sachsen-Anhalt
Nordrhein-Westfalen
Sachsen
Thüringen
Hessen
Rheinland-Pfalz
Saarland
Bayern
Baden-Württemberg
Jever
Wilhelmshaven
JADEBUSEN
Westerstede
Zwischenahner Meer
A28
Oldenburg
Bad Zwischenahn
KÜSTENKANAL
SATERLAND
Friesoythe
A29
Garrel
OLDENBURGER MÜNSTERLAND
Cloppenburg
Wildes-hausen
Cappeln
HUNTE
Vechta
GROSSES MOOR

Oldenburger Land

Eine Reise durchs Oldenburger Land

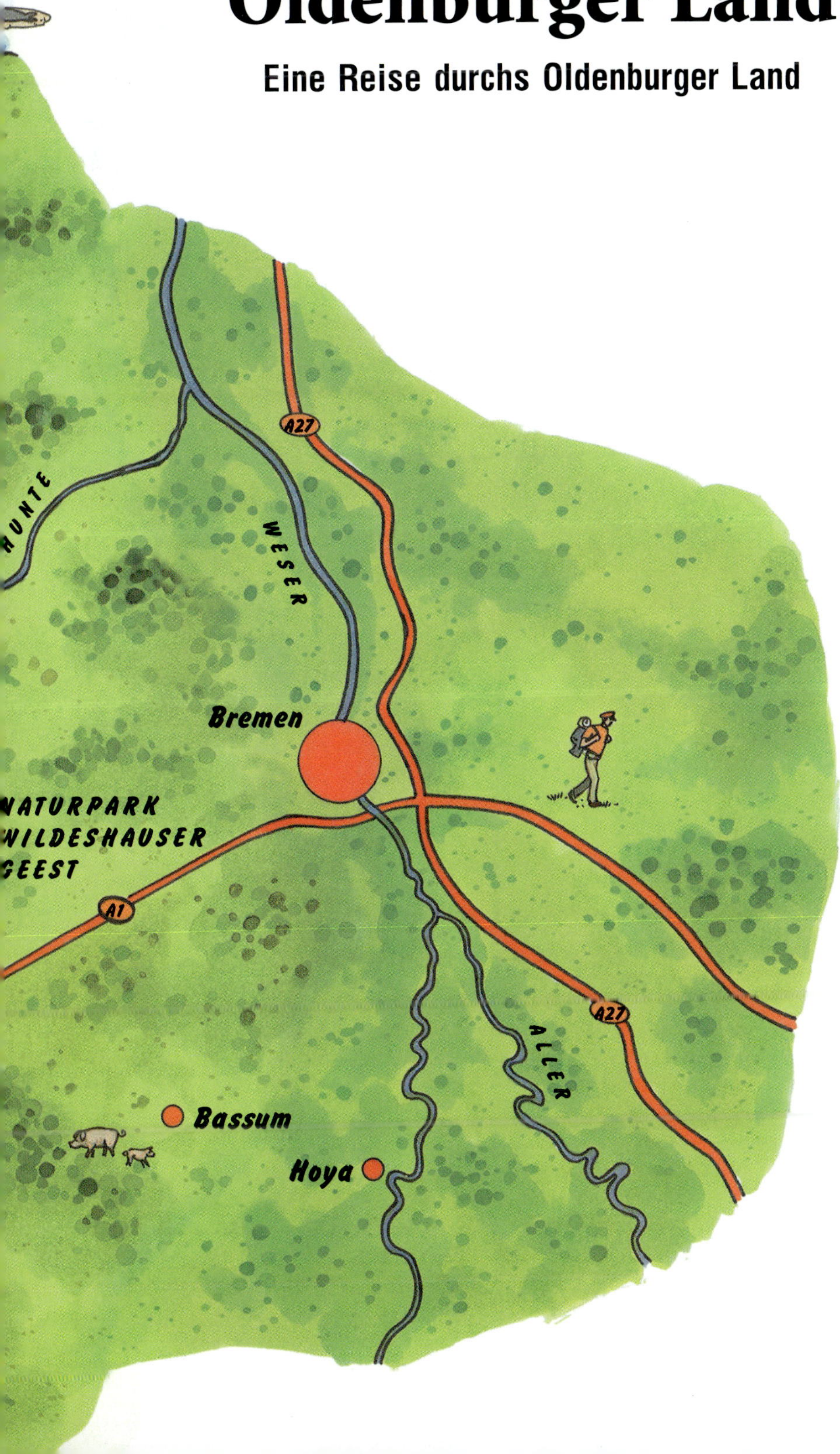

Mit dem Vierspänner durch Wald und Flur

Eine Reise durchs Oldenburger Land

von Achim Tacke

Die Sonne blitzt tausendfach auf dem Zwischenahner Meer, die Luft ist mild und weich, der Himmel von sattem Blau. Ulrich Koglin, Heike Götz und ich schwingen uns auf die Räder, wild entschlossen, den See zu umkreisen. Schließlich wollen wir unseren Zuschauern in der nächsten Landpartie das Oldenburger Land von seiner schönsten Seite zeigen.

Kaum liegt das Hotel hinter uns, fahren wir gleich in eine ganz besondere Pracht – in das Blütenmeer der Rhododendren. In über 600 Baumschulen werden sie hier gezüchtet und in unzähligen Gärten und Parks der Region sind sie zu bewundern. Ihre feinen Blüten erinnern in ihrer Form an Orchideen. Über 80 Prozent der Rhododendren in Deutschland kommen aus dem Oldenburger Land. In der Lehr- und Versuchsanstalt in Bad Zwischenahn-Rostrup wurden seit den sechziger Jahren über 2000 verschiedene Arten und Sorten von Rhododendren und Freilandazaleen gezüchtet. Von April bis Juni dauert die Blüte, und Besucher können die Lehr und Versuchsanstalt kostenlos besuchen. »Das«, meint Heike, »ist genau die richtige Einstimmung für die Region.«

◀ *Das Zwischenahner Meer ist das Revier der Segler und natürlich auch die Heimat der »Weißen Flotte«.*

Wir radeln an Wiesen und Feldern vorbei und plaudern über unsere Arbeit, die wir in den nächsten Tagen schaffen wollen. Das Programm ist vielseitig. Oldenburger Pferde sind dabei, frisches Obst, Bauerngärten und feinster Fisch aus dem Zwischenahner Meer. Unsere Blicke wandern immer wieder zum Wasser. Es strahlt eine angenehme Ruhe aus – die allerdings trügerisch ist. Als geografisches Zentrum des Ammerlandes bietet das Meer einen ganzen Strauß von Freizeitangeboten. Vor allem Wassersportler wie Schwimmer, Angler, Windsurfer und Segler kommen hier auf ihre Kosten. Wertvolle Teilbereiche an der Nordwestbucht des drittgrößten Binnensees Niedersachsens stehen seit langem unter Landschaftsschutz. Wer möchte, genießt nach einer Radtour oder einem Segeltörn die rustikale Ammerländer Küche, deren Geheimnis vor allem im Rauch liegt. Vieles, was in den Gaststuben serviert wird, ist nach bewährter Tradition im würzigen Rauch von Erlen- und Buchenscheiten geräuchert worden wie zum Beispiel der original »Smoortaal«, der traditionell mit Fingern gegessen wird oder der herrlich duftende Schinken, den man zum Beispiel in der ältesten Ammerländer Schinkenräucherei in Apen probieren kann.

Als wir das Hotel erreichen, sind inzwischen auch die Teams angekommen. Ekkehard Schone, der erste

Kameramann, und René Kraus an der zweiten Kamera sind bereits erfahrene »Landpartieler«. Wie vor jedem Landpartie-Dreh setzen wir uns abends noch einmal zusammen, besprechen die verschiedenen Drehorte und das, was wir dort vorfinden werden. Bald ziehen sich die ersten in ihre Zimmer zurück. Am nächsten Morgen soll es früh los gehen. Wir haben diskutiert, den Tag geplant, Probleme und Hoffnungen besprochen. Am ersten Drehtag besprechen wir mehr als sonst. Alles muss sich erst ordnen und zusammenfügen. Das braucht immer etwas Zeit.

Die Fischerin vom Zwischenahner Meer

Feine Nebelbänke hängen über dem Wasser. Manchmal taucht ein Schwanenhals hervor, und senkt sich gleich wieder hinab. Noch schlaftrunken durchstreifen Stockenten das spiegelglatte Wasser. Wie eine große Scheibe schimmert die Sonne blass durch den Frühnebel.

Hat Gertraud Oetken für solche Muße Zeit? Sie ist gelernte Fischereimeisterin und fährt fast jeden Tag hinaus auf das Zwischenahner Meer. Während Heike das Mikrofon an ihren Hosenträgern befestigt, macht Frau Oetken mit ihrem Sohn Jürgen die beiden Boote klar. In dem ersten sollen Heike, die Fischerin, ihr Sohn und Kameramann Schone fahren. Der Rest der Mannschaft kommt in das andere Boot. Die Außenbordmotoren tuckern beruhigend und es geht hinaus auf den See – oder besser gesagt, aufs Meer!

526 Hektar ist das Zwischenahner Meer groß, darf sich das größte Binnengewässer Niedersachsens nennen und sorgt für mancherlei Wohltat. Oben kreuzt die »Weiße Flotte«, unten ruht das Moor. Dieser Untergrund wird gern abgeschöpft und zahlungswilligen Gästen in die Wanne gegossen. Seit dem 19. Jahrhundert ist Bad Zwischenahn ein anerkanntes Moorheilbad. Eine weitere Attraktion bergen wir jetzt mit Gertraud Oetken. Es geht geradewegs zu den Reusen, deren Platz durch lange Stangen, die weit aus dem Wasser ragen, gut zu erkennen ist. Gut 30

Wasserdicht, wetterfest und unerschrocken begibt sich das »Landpartie-Team« aufs Meer hinaus.

Ammerland-Tourist-Information

Radler am Zwischenahner Meer.

Jahre ist es her, dass Gertraud Oetken den Beruf des Fischers ergriff – »als einzige Frau!« Die Berufswahl ergab sich von selbst, schließlich war da der alte Familienbetrieb, der weitergeführt werden sollte. Damals gab es viele, und Sohn Jürgen ist auch wieder Fischer geworden. Die Oetkens glauben fest, dass die Fischerei auf dem »Meer« eine Zukunft hat.

Mit sicherem Griff ziehen sie die erste Reuse aus dem Wasser. Ein guter Fang, die Reuse ist reich gefüllt. Vor allem Aale – die Spezialität des Zwischenahner Meers. »Der Aal«, belehrt uns Frau Oetken, »kommt als so genannter Glasaal im März/April aus dem Sargasso-Meer vor der Küste Amerikas mit dem Golfstrom in der Nordsee an. Von hier aus zieht er dann in die Flüsse und Seen, also auch ins Zwischenahner Meer.« In diesem Stadium seines Wachstums ist der Aal mal gerade sechs bis acht Zentimeter groß. Es dauert weitere vier bis fünf Jahre, bis die Tiere ausgewachsen und geschlechtsreif sind. Manche werden aber auch erst mit zehn, zwölf Jahren geschlechtsreif und bringen es dann auf eine Länge von bis zu anderthalb Metern. Mit der Geschlechtsreife kehrt der Wandertrieb in die Aale zurück. Sie ziehen wieder gut 5000 Kilometer weit durch den Atlantik ins Sargasso-Meer, um zu laichen.

Aber nicht nur Aale zieht Frau Oetken aus dem Zwischenahner Meer. Sie fängt auch Hechte, Zander, Brassen und Rotaugen. Direkt am Wohnhaus betreibt Familie Oetken ihren eigenen Fischladen, ein Geheimtipp nicht nur für Einheimische. Schnell hat sich auch bei Reisenden und Kurgästen herumgesprochen, dass es bei Oetkens den frischesten Fisch gibt. Die Aale werden aufgespießt, kommen in die Räucherkammer und werden über Buchenspänen geräuchert. Gut zwei, drei Stunden dauert es, bis wir alle endlich unser Stück frisch geräucherten Aal in den Händen halten. Ein Genuss!

Fischereibetrieb
Jürgen Oetken
Dreiberger Str. 37
26160 Bad Zwischenahn/Meyerhausen
Telefon 0 44 03 / 83 42
Telefax 0 44 03 / 8 13 41

Mit 4 PS zum Sieg

Doch, wir kennen den richtigen Weg – und fahren trotzdem vorbei. Vielleicht ist ein Getreidefeld einfach kein besonders hilfreiches Wegzeichen? Das Korn ist seit unserer Vor-

Vierspännig sind hier Rainer Duen und Heike Götz unterwegs.

besprechung mächtig in die Höhe geschossen, sodass die Einfahrt zum Reit- und Fahrstall Duen jetzt inmitten gelb schimmernder Felder liegt und kaum noch zu erkennen ist. Gut 100 Meter schlängelt sich der schmale Weg durch die Getreidefelder, bis er schließlich in einer großzügigen Anlage mündet. Neben den Ställen, dem Casino und dem Wohnhaus fallen uns gleich die verschiedenen Übungsgelände für Gespanne auf. Eine junge Frau schiebt energisch eine Karre Pferdemist aus dem Stall, als wir aus den Autos steigen. »Wo ist denn Rainer Duen?« Aber da kommt er uns schon entgegen. »Kommen Sie doch gleich mit ins Casino! Meine Mutter hat frischen Kaffee aufgesetzt und Brötchen geschmiert.« Wer kann bei dieser herzlichen Einladung schon widerstehen? Nur einer – Dieter Hartwigsen, unser Aufnahmeleiter. Er verweist streng auf unseren engen Zeitplan, aber eine Tasse Kaffe lässt er sich abringen. Das Wetter meint es heute ohnehin nicht gut mit uns. Als wir das Hotel verlassen, regnet es. Doch auf der Fahrt zu Rainer Duen hört der Regen auf.

Während wieder dicke Wolken aufziehen, sitzen wir bei heißem Kaffee zusammen und planen den Tag. Rainer Duen entschuldigt sich, dass er noch nicht viel vorbereiten konnte, aber er sei erst letzte Nacht von einem Turnier zurückgekehrt. Er möchte für unsere Dreharbeiten gern einige seiner Nachwuchspferde einspannen. Für uns kein Problem. Rainer Duen ist mehrfacher Meister im Kutschfahren, und wir vertrauen ihm. Nur Heike Götz hat noch eine Fachfrage: »Fahren wir zwei- oder vierspännig?«, will sie wissen. »Natürlich vierspännig!« lautet die Antwort, denn Rainer Duen ist der deutsche Viererzug-Meister von 1997. Und dann geht alles plötzlich ziemlich schnell. Ohne viele Worte holen zwei Mitarbeiter die Kutsche. Ein prachtvolles Stück, wie Heike begeistert feststellt. Dann kommt die junge Frau, die vorhin noch mit der Mistkarre unterwegs war, mit zwei blank geputzten Pferden aus dem Stall. Das Duen-Team ist wirklich gut eingespielt – auch als Rainer ohne ein Wort verschwindet, geht alles wie von Geisterhand seinen Gang. Zwei weitere Pferde werden aus dem Stall gebracht. Ruckzuck sind die Rösser aufgeschirrt. Tänzelnd wie Ballerinen gehen sie zur Kutsche und an den Ohren und Augen ist abzulesen, wie wach und aufgeregt sie sind. Immer wieder legen sie sich ins Geschirr. Sie wollen endlich los, doch der Meister fehlt noch. Er kommt schließlich – in Frack und Zylinder! Was ein wahrer Deutscher Meister im Fahrsport ist, weiß, was sich gehört. Heike bedauert, dass sie nicht das passende »Outfit« bei sich hat. Schnell klettert sie zu Rainer Duen auf den Kutschbock – und würde gern die Zügel in die Hand nehmen. Rainer erklärt ihr, was sie zu tun hat und wie sie die »Leinen« – so heißen die Zügel in der Fachsprache – halten soll. Er ist darin geübt, denn bei Duens können sich auch Anfänger im Fahren unterrichten lassen. Das ist gar nicht so leicht, doch nach einigen Verknotungen kann es losgehen – im Schritt natürlich.

Wir hatten abgesprochen, dass wir mit der Kutsche alle Stationen der Landpartie durchs Oldenburger Land abfahren – fast alle, denn mit der Kutsche von Thüle nach Jever und zurück zu fahren, hätte nicht nur die Kräfte der Pferde überfordert, sondern auch unsere Drehzeit. Immer wieder schauen wir zum Himmel. Das Wetter wird von Stunde zu Stunde schlechter. Rainer Duen übernimmt die Zügel, die im Fahrsport »Leinen« heißen, und los geht es im Trab zu unserer ersten Adresse. Auf dem Kutschbock erfährt Heike, dass Rainer Duen hauptsächlich mit Oldenburger Pferden arbeitet. »Das hat nicht nur etwas mit Lokalpatriotismus zu tun«, sagt Rainer Duen, während er die Pferde elegant durch die Lande traben lässt, »es ist auch die Geschichte dieser Rasse, die mich so für den Oldenburger einnimmt.«

Die Oldenburger wurden früher speziell für die Kutsche gezüchtet. Erst nach dem letzten Weltkrieg

Rainer Duen ist deutscher Viererzug-Meister von 1997, Derbysieger und A-Kader-Vierspännerfahrer.

stellten die Züchter ihre Zuchtziele um und machten aus dem Oldenburger ein begehrtes Sportpferd, das im internationalen Sport ganz oben mitmischt. Rainer Duen erzählt, dass der Grundstein für die Oldenburger Pferdezucht bereits im 17. Jahrhundert gelegt wurde. »Damals kaufte Graf Anton Günther von Oldenburg, ein weit über die Landesgrenzen bekannter Pferdemann, Hengste und Stuten, um mit ihnen eine systematische Zucht aufzubauen. Recht schnell wurden die »Alt-Oldenburger« Pferde europaweit bekannt. 1820 fand dann die erste staatliche Hengstkörung statt und 1861 folgte das Stammregister.« Doch nach dem Zweiten Weltkrieg veränderte sich das Bild. Es wurden immer weniger Kutsch- und Wagenpferde gefragt.

Dafür rückte der Pferdesport stärker in den Vordergrund und in die Oldenburger wurde englisches Vollblut eingekreuzt. In den sechziger Jahren setzten die Züchter auch französische Hengste ein. So gelang es in relativ kurzer Zeit, ein hervorragendes Sportpferd zu züchten. Die Oldenburger sind sowohl für den Springsport, als auch für die Dressur geeignet – und vor der Kutsche von Rainer Duen sind sie wie majestätische Tänzer. Für den Vierspänner

Frisch geerntet, gewaschen und appetitlich angerichtet, so wartet die Ware auf Hof Eickhorst auf Käufer.

werden Tiere gebraucht, die nicht nur farblich zueinander passen, sondern die sich auch vom Temperament her ergänzen. In der Landwirtschaft war früher immer das linke Pferd das Führungstier. Im Sport müssen alle Pferde Führungsqualitäten haben. Rainer Duen blickt über die Häupter seiner Lieben und erzählt, dass diese vier Pferde seit zwei Jahren in der Ausbildung sind. »Sie machen sich schon recht gut«, lobt er die Viererbande, »sind aber noch nicht in Topform.« Dennoch: Gleichmäßig wie ein Uhrwerk traben die vier Pferde im Geschirr, gelassen nehmen sie den Straßenverkehr hin. Alles wirkt fast spielerisch. Dahinter steckt jedoch viel Arbeit und noch mehr Pferdeverstand.

Stall Duen
Bernd Duen
Im Paarbergerwald 2
26169 Friesoythe/Thüle
Telefon 0 44 95 / 3 15
Telefax 0 44 95 / 60 10
www.stall-duen.de

Süße Früchtchen

Knapp zwanzig Minuten später biegt die Kutsche vom Weg ab: Hof Eickhorst ist erreicht. Wie auf Bestellung reißt der Himmel auf und die Sonne lässt sich sehen. Das gepflegte Anwesen mit dem schmucken Hofladen macht einen einladenden Eindruck. Gegenüber des Hofes steht – als Hinweisschild sozusagen – eine überdimensionale Erdbeere auf einer Wiese, denn genau die werden in dem Betrieb angebaut. Das Ehepaar Eickhorst empfängt uns stilecht mit einem Gläschen Wein – Fruchtwein aus eigener Herstellung. »Prost!«, heißt es im Team und um das gemütliche Ambiente abzurunden, taucht hinter einer Hausecke eine Labrador-Hündin samt Nachwuchs auf. Gleich kuscheln sich die kleinen Hundeknäule in den Armen unserer Teamdamen. Derweil besprechen wir den Ablauf unserer Dreharbeiten. Heike möchte natürlich wissen, wo die Früchte wachsen, und genau dort wollen wir beginnen. Nur unter Protest lassen unsere Damen von den kleinen Hunden, waschen sich die Hände und fahren mit zum ersten Beerenfeld. Zwischen den endlos scheinenden Himbeersträuchern sind schon einige Pflücker bei der Arbeit. Heike bekommt einen kleinen Ziehwagen mit blauen Sammelschalen. Gute 200 Meter vom Hof entfernt beginnen die Himbeerplantagen. In langen Reihen stehen die mannshohen Pflanzen. Die reifen, süßen Früchte laden geradezu zur Ernte ein. Heike probiert und verdreht bei dem süßen Wohlgeschmack die Augen. Die Kameras werden aufgebaut, die Szene besprochen und schließlich wird die Ernte mit Heike gedreht. »Aber aufpassen«, rät Fred Eickhorst, »die kleinen, tragenden Zweige dürfen nicht aus Versehen abgerissen werden!« Deshalb muss man mit der einen Hand den Zweig oberhalb der Frucht festhalten, während die andere Hand die Himbeere sanft abzupft: Bei Familie Eickhorst ist jeder Schritt der Obsternte gut durchorganisiert.

Vor über 20 Jahren stellten sie ihren Betrieb um. Damals gab es noch 1000 Mastschweine und 170 Rinder auf dem Hof. Hinzu kamen 160 Hektar Ackerland, eine mehr als gute Basis für einen landwirtschaftlichen Betrieb. Trotzdem entschloss sich die Familie, den Hof komplett umzustellen. Eine Entscheidung, die sie nie bereut hat. Heute baut Fred Eickhorst auf 35 Hektar so genannte Sonderkulturen an. Dazu gehören neben den Himbeeren auch Wachsbohnen, Erdbeeren, Spargel, Johannisbeeren, Zucchini, Stachelbeeren, Sauerkirschen, Kürbisse, Kartoffeln und Blumen.

Heikes Himbeerschale will einfach nicht voller werden. Zu viele der gro-

Himbeeren pflücken ist auch eine Wissenschaft für sich. Schließlich dürfen die tragenden Zweige nicht beschädigt werden.

ßen, süßen Früchte wandern direkt in den Mund. Das passiert auch anderen »Kunden«. »Wir stellen jedem Kunden niedrige Sammelschalen zur Verfügung«, sagt Fred Eickhorst, »damit die feinen Früchte nicht zerdrückt werden.« Früher rückten die Kunden oft mit Fünf- oder sogar Zehnlitereimern an und wunderten sich hinterher, dass die unteren Schichten nur noch Brei waren. Heute kaufen die meisten jedoch die handverlesenen Früchte gleich im Hofladen. Fred Eickhorst ist stolz darauf, dass jede Frucht, die er verkauft, tatsächlich handverlesen ist. Was durch die strenge Kontrolle fällt, wird weiter verarbeitet.

Heike sieht ein, dass ihre Schale kaum eine Chance hat, auch nur halbwegs voll zu werden. Deshalb möchte sie lieber die Marmeladenküche sehen. Kein Problem, wir ziehen um. Es ist fast wie bei Muttern zu Hause. Vier Frauen stehen an sechs riesigen Töpfen und rühren.

Selbstverständlich trägt Heike jetzt einen weißen Kittel und ein Haarnetz. »Die Marmelade«, versichert Fred Eickhorst, »wird tatsächlich wie zu Omas Zeiten gekocht.« Es kommen weder Konservierungsstoffe noch chemische Hilfsmittel zum Einsatz. Heike wiegt einige Früchte und Gelierzucker ab und kocht das Ganze unter ständigem Rühren auf. Nach vier Minuten Kochzeit ist die Marmelade fertig und kann in die Abfüllung gegossen werden. Blubbernd und dampfend läuft die heiße Marmelade in ein Glas. Die Konfitüre muss mindestens eine Temperatur von 72 Grad haben, damit sich der süße Brotaufstrich auch zwei Jahre im geschlossenen Glas hält. Es ist tatsächlich alles Handarbeit. Selbst das Etikett zum Schluss wird per Hand aufgeklebt.

Fred Eickhorst verweist stolz darauf, dass seine Marmeladen und das Gelee in über 300 Hofläden im ganzen Bundesgebiet verkauft werden. Dafür bezieht Familie Eickhorst von anderen Höfen Eier, Wurst- und Käsespezialitäten, die sie in ihrem Hofladen verkaufen.

Hier wird aus frischen Früchten leckere Marmelade – die gibt es dann auf Hof Eickhorst und in vielen anderen Hofläden im Bundesgebiet.

Zu den Spezialitäten von Hof Eickhorst gehören Apfelgelee mit Zimt, Himbeer-Heidelbeer Konfitüre, fünf Sorten Sirup und »Cidonektar«. Cido ist eine Wildquitte, die auch »Zitrone des Nordens« genannt wird und im Ammerland wächst. Fred Eickhorst empfiehlt: »Trinken Sie doch einmal Cidonektar als Longdrink mit Wodka oder weißem Rum auf Eis.« Aber auch auf einer Torte oder zum Pudding schmeckt der Sirup hervorragend. »Anfangs«, sagt Fred Eickhorst, »haben alle über meine Umstellung auf Gemüse und Obst gelacht.« Mittlerweile gibt es einige Nachahmer. Denn Familie Eickhorst verdient trotz der personalintensiven Arbeit gutes Geld.

Unter anderem mit Obstwein und Säften. Die Weine von Hof Eickhorst werden ebenfalls bundesweit in Hofläden vertrieben. Nach dem Tipp mit dem Cidonektar kann das Team jetzt endlich zum Verkosten schreiten. In einer Gartenlaube verbringen wir einen fruchtigen Nachmittag und beschließen unsere Stippvisite auf Hof Eickhorst mit einem ausgedehnten Besuch im Hofladen. Keiner kann den süßen Köstlichkeiten widerstehen.

Dann geht es für Heike zurück auf den Kutschbock, Rainer Duen lenkt seine Pferde zentimetergenau durch den Kameraparcour und die Oldenburger ziehen an. Rainer Duen erzählt auf dem Weg zum nächsten Drehort, dass er die Liebe zum Fahrsport von seinem Vater Bernd geerbt habe. »Der war nicht nur zehnfacher Deutscher Meister im Viererzug, er war auch WM-Trainer für die deutsche Equipe.« Es dauert Jahre, bis die Pferde soweit ausgebildet sind, dass sie in der obersten Liga des Fahrsports mitmischen können. Wie leistungsstark Fahrer und Pferde sind, erlebt Heike aber erst bei der letzten Station an diesem Tag.

Im gleichmäßigen Trab geht es zu unserer nächsten Adresse. Das nasse Wetter könnte für unsere Technik auf Dauer zum Problem werden. Eckehard Schone, unser erster Kameramann, lässt die Kameras vorsichtshalber in Regentaschen aus Plastik packen. Eine weise Entscheidung, denn der Regen wird stärker.

Hof Eickhorst
Biohofladen
Fred Eickhorst
Steinstr. 14
26209 Sandhatten
Telefon 0 44 82 / 3 77
Telefax 0 44 82 / 87 28
E-Mail info@hof-eickhorst.de
www.hof-eickhorst.de

Das Streicheln der Lämmer

In flottem Trabe erreichen wir den Hof von Familie Mechelhoff in Garrel. Das Bauernhaus liegt fast versteckt hinter einem riesigen Vorgarten, der so typisch ist für das Oldenburger Land. Heike springt vom Kutschbock und verschwindet hinter einer Stalltür. Rainer Duen pariert seine Pferde unter einer großen Markise. Liebevoll legt er große Decken über seine vierbeinigen Partner, damit die wertvollen Tiere nicht auskühlen.

Die Stalltür öffnet sich und Heike erscheint mit einem kleinen Lamm auf dem Arm. »Ein Nachzügler!« erklärt sie kurzerhand, »die Lammsaison ist eigentlich schon vorbei.« Schnell sind unsere Maskenbildnerin und die Kameraassistentinnen bei

Seit fast 15 Jahren stehen auf Gut Mechelhoff Schafe. Wie es dazu kam, ist eine spannende Geschichte mit einem richtigen Happy End.

Heike und dem Lamm, das nun für einige Zeit viele streichelnde Hände ertragen muss. »Das Lamm mag das richtig gern – wirklich!« Die Damen sind sich uneingeschränkt einig. Weitere Bedenken meinerseits behalte ich lieber für mich. Hinter Heike tauchen dann auch Herr und Frau Mechelhoff auf. »Vor den Dreharbeiten«, lässt sich Frau Mechelhoff mit resoluter Stimme vernehmen, »gibt es erst einmal heißen Tee und heißen Kaffee.« Zur Stärkung müssen wir unbedingt von ihrem Schafskäse probieren. Noch bevor jemand antworten kann, werden wir in die gute Stube gelotst und bestens versorgt. Keine 20 Minuten später stehen wir mit den Kameras im Stall. Die Schafe sollen gemolken werden, so der Plan. Aber im Angesicht der Menschenmengen, die sich nun im Melkstand drängeln, weigern sich die Tiere, zu ihrem gewohnten Melkplatz zu gehen. Mechelhoff übernimmt die Regie. Zwei Kameraleute sollen die Tiere aus dem Stall treiben. Ekkehard Schone bleibt mit seiner

Josef Mechelhoff produziert Schafskäse – mit niederländischem Diplom und türkischen Maschinen sowie vielen deutschen Schafen.

Kamera bei Heike und Herrn Mechelhoff. Gesagt, getan. Mähend laufen die Schafe in den Melkstand. Heike nimmt einen Eimer und zwei Tücher, um die Euter der Tiere zu reinigen. Hygiene ist auch bei der Schafhaltung oberstes Gesetz. Josef Mechelhoff setzt mit geübter Hand das Melkgeschirr an. 28 Schafe können zur gleichen Zeit in den Melkstand. Die Tiere machen einen zufriedenen Eindruck. »Und wie kamen Sie auf die Schafzucht?« will Heike nun wissen. Für einen Moment unterbricht Josef Mechelhoff seine Arbeit, schaut aus dem großen Stalltor hinaus auf die Weiden, und beginnt mit ruhiger Stimme zu erzählen: »Es war 1988 oder 89. Ich stand vor der Frage, wie ich unseren Betrieb für die Zukunft gestalte. Ein Hof mit 38 Hektar ist nach heutigen Maßstäben nicht gerade groß und bietet nicht sehr viele Möglichkeiten. Meine Eltern hatten, wie die meisten Landwirte hier in der Gegend, einen reinen Milchviehbetrieb. Als die Milchquote eingeführt wurde, konnte ich mir ausrechnen, dass mit den Kühen, die ich im Stall hatte, kein vernünftiges Einkommen zu erzielen war.« Also suchte Josef Mechelhoff nach Alternativen. Doch weder ein hoher Kredit noch eine Umstellung auf Geflügelzucht schienen ihm attraktiv. Da aber erzählte ihm ein Freund etwas über Schafzucht. »Schafe? Ich hatte keine Ahnung von Schafen, aber der Gedanke ließ mich trotzdem nicht los. Abends sprach ich mit meiner Frau darüber. Wir besorgten uns Bücher über Schafe, fuhren nach Holland und waren begeistert über die Hilfsbereitschaft der holländischen Kollegen.« Schon im Frühjahr 1989 standen die ersten 20 Schafe in den Boxen. Die Nachbarn erklärten Mechelhoffs für verrückt. »Ehrlich gesagt, wenn ich damals geahnt hätte, was alles an Arbeit mit den neuen Hofgenossen verbunden ist, hätten wir die Finger davon gelassen.«

Josef Mechelhoff unterbricht seine Erzählung. Eine neue Gruppe Schafe kommt in den Melkstand und be-

Schafskäse von Gut Mechelhoff, ein echtes Qualitätsprodukt.

gleitet das mit lautem Mähen. Erst als sie in Reihe und Glied stehen, kehrt wieder Ruhe ein.

»Bevor die 20 Schafe auf den Hof kamen, hatte ich schon mit der Molkerei gesprochen, ob die etwas mit Schafmilch anzufangen wüssten. Sie wollten, welch ein glücklicher Zufall, gerade mit Schafskäse experimentieren und garantierten mir für eine gewisse Zeit, die Milch abzunehmen. Auch der Preis schien mir in Ordnung. Es lief nach anfänglichen Schwierigkeiten so gut, dass wir bald über 100 Schafe hatten.« Doch dann beschloss die Molkerei, die Sache mit dem Schafskäse aufzugeben und für Mechelhoffs sah es plötzlich ganz düster aus. Schlachten aber wollten sie ihre Schafe nicht. Warum nicht eine eigene Käserei aufmachen? »Leider fanden wir in Deutschland niemanden, der bereit war, uns in die Kunst des Käsemachens einzuführen. Es war wie verhext. Wo wir auch anfragten, alle sahen uns erstaunt oder verärgert an, weil wir Käse machen wollten.« Also: Wieder mal in Holland anrufen und dort wusste man Rat. »Sie erklärten uns, dass wir in den Niederlanden Kurse besuchen und so das Käsemachen erlernen können. Die Abschlussprüfungen würden auch in Deutschland anerkannt. Das war einer der glücklichsten Momente meines Lebens«, sagt Josef Mechelhoff und lacht – » doch die Ernüchterung folgte auf dem Fuße. Die Kurse wurden ausschließlich auf niederländisch gehalten.« Aber die Mechelhoffs gaben nicht auf. Als sie mit traurigen Gesichtern heimfuhren, kam Frau Mechelhoff die zündende Idee: » Noch vor der deutschen Grenze rief meine Frau plötzlich: Na und? Was soll's?! Dann lernen wir eben Niederländisch!« Am nächsten Abend saßen beide Mechelhoffs schon über den Lehrbüchern und büffelten. »Einmal in der Woche besuchten wir die Volkshochschule und die Wochenenden verbrachten wir bei unseren Freunden in Holland – und redeten holländisch.« Aus den pfiffigen Mechelhoffs wurden überzeugte Europäer, nicht zuletzt dank der Hilfe von Familie und Freunden, denn schließ-

Auf dem Oldenburger Bauernmarkt gibts stets frische Produkte. Der Schafskäse von Josef Mechelhoff gehört dazu.

lich mussten jeden Tag 45 Kühe und 100 Schafe versorgt werden. Kein halbes Jahr später hatten beide ihr Diplom in der Tasche. Josef Mechelhoff erzählt und lächelt bescheiden. Die letzten Schafe verlassen den Melkstand und wir wechseln zur Käseküche. Doch bevor wir eintreten dürfen, ist erst einmal »Kostümball«.

Jeder aus dem Team muss einen weißen Overall, ein Haarnetz und Plastiküberschuhe anziehen – der Hygiene wegen. Heike bindet sich zusätzlich noch eine weiße Plastikschürze um, weil sie helfen will. Frau Mechelhoff gibt gerade Lab in die Milch und verrührt alles. Bald beginnt die Milch steif zu werden. Zwischen 500 und 600 Liter Milch gibt ein gutes Milchschaf pro Jahr. Eine Kuh kommt durchschnittlich auf 7000 bis 8000 Liter Milch im Jahr. Aber dafür fressen zehn Schafe, so rechnen die Bauern, etwa so viel wie eine Kuh. »Die Schafmilch«, erklärt Margret Mechelhoff stolz, »hat aber mehr Fett und auch mehr Eiweiß als Kuhmilch. Außerdem soll sie wesentlich verträglicher sein.« Der Mechelhoffsche Schafbestand ist auf über 220 Tiere angewachsen. Dazu kommen noch 45 Milchkühe, deren Milch auch zu einem guten Teil in ihrer Käserei verarbeitet wird.

In einem zweiten Bottich ist der Käse nun soweit, dass er in die Formen gepresst werden kann. Heike ist in ihrem Element. Sie knetet, drückt und presst, bis Frau Mechelhoff mit der Form zufrieden ist. Anschließend kommt der Käse in die Reifekammer. Einige Monate wird es dauern, bis die Laibe zum Verkauf gereift sind. 20 verschiedene Käsesorten produziert das Ehepaar mittlerweile. Heike probiert und ist begeistert vom feinen Geschmack des Schafskäses, der so gar nicht nach Schaf schmeckt. »Aber cremig ist der!« Auch die Kräuterkäsesorten finden

Rezept:

Gebackene Lammschulter mit Schafskäsekräuterfüllung

Zutaten:
Eine Lammschulter (ausgelöst)
100 g Schafskäse
frische Kräuter (Thymian, Basilikum, Rosmarin und Majoran)
Pfeffer aus der Mühle, Salz, Paprika

Zubereitung:
Lammschulter innen mit Salz, Pfeffer und Paprika würzen. Mit dem Schafskäse und den klein gehackten Kräutern die Schulter füllen und zu einem Rollbraten zusammen binden.

Die Schulter in einem großen Topf oder Bräter mit etwas Butterschmalz oder Öl anbraten, dann mit Wasser angießen und für ca. 45 bis 60 Minuten bei ca. 180 bis 200° Grad in den Backofen geben.

Nach 30 Minuten noch etwas Flüssigkeit (kann auch Rotwein sein) ergänzen.

Lammrolle herausnehmen und ruhen lassen.

Die Soße in einen kleinen Topf geben, abschmecken und gegebenenfalls binden.

Die Kartoffeln wie zuvor beschrieben zubereiten und daran denken, dass sie sehr schnell fertig sind!

Guten Appetit!

ihre Anerkennung, doch Heikes Hit ist der Schafsschnittkäse.

Wir nehmen die Autos und fahren nach Oldenburg. Für die Pferde wäre die Strecke sicherlich kein Problem, aber für unseren engen Terminkalender. Wir verabreden uns mit Rainer Duen für den späten Nachmittag und fahren los. Heike schnappt sich noch zwei Schafskäse, einen normalen und einen mit Kräutern, bevor sie zu uns in den Wagen steigt.

Schafsbetrieb
Josef Mechelhoff
Thulerstraße 16
49681 Garrel
Telefon 0 44 74 / 17 42

Gefüllte Lammschulter

Einmal in der Woche, hatte Josef Mechelhoff Heike gesagt, steht er auf dem Bauernmarkt in Oldenburg. Am Marktplatz finden wir auch den Ratskeller, ein altehrwürdiges Gemäuer mit Stil und Flair. In der Küche haben Wilfried Fey – im Ratskeller kocht der Chef persönlich – und sein Kollege Herr Poete schon die Zutaten vorbereitet. Es gibt mit Schafskäse gefüllte Lammschulter. »Vor einigen Jahren haben sich Köche in

Foto: Wilfried Fey

Wilfried Fey ist Chef und Koch im Ratskeller!

Italien zusammengetan, um etwas gegen die Fastfood Welle aus den USA zu tun.« Sie beschlossen, nur noch Produkte aus der Region zu vermarkten oder besser alle Produkte, die in der Region wachsen oder hergestellt werden. Die so genannte Regionale Küche wurde zum Maßstab. Es dauerte nicht lange, und die »Slowfood-Bewegung« erreichte auch Deutschland. Wo Wilfried Fey seine Produkte kauft?

»Gleich hier vor der Tür! Einmal in der Woche haben wir hier auf dem Marktplatz Bauernmarkt. Die Landwirte aus der Region kommen und verkaufen ihre Produkte. Ich sag Ihnen, da kommt der Appetit schon beim Einkauf.« Heike zweifelt keine Sekunde an den Worten von Wilfried Fey: »Dann kommt das Lamm, das wir gerade zubereiten, aus der Region und nicht aus Australien oder Neuseeland?« Wilfried Fey nickt. »So ist es. Jedes Jahr im Sommer bieten wir, d.h. Gastwirte aus der Region, die »Lammwoche« an. In dieser Zeit verarbeiten wir alle nur Lammfleisch von Tieren, die hier aus der Gegend kommen.«

Heike ist begeistert. Sie erfährt, dass es noch sehr viele Schafe in der Wesermarsch gibt. Die Tiere leben fast das ganze Jahr im Freien. Die salzhaltige Luft, die artgerechte Haltung und das gute Futter sorgen für eine sehr gute Fleischqualität. Hinzu kommt, dass die Deichschafe auch noch eine wichtige Arbeit für den Umweltschutz leisten. Denn durch ihren Tritt und das Abgrasen der Deiche sorgen sie für einen festen, stabilen Untergrund. Wilfried Fey rollt die Lammschulter mit geübten Griffen zusammen und bindet sie fest.

Heike wechselt zum Tisch von Herrn Poete. Er bereitet gerade die Kartoffeln zu. Mit einer Maschine schneidet er sie in hauchdünne Scheiben. Dann breitet er die Scheiben aus und belegt die Hülle mit jeweils einem Basilikum- oder Petersilienblatt. Die zweite Scheibe wird darüber gedeckt. Ein kleiner, aber feiner Tipp für Nachahmer: Die Kartoffelscheiben auf keinen Fall waschen, sonst kleben sie nicht zusammen. Schließlich gibt Herr Poete die Kartoffelscheiben in kochendes Fett. Kurze Zeit später kann er die knusprige Beilage abschöpfen.

Der Ratskeller am Oldenburger Marktplatz lockt mit leckeren Gerichten.

Ratskeller
Wilfried Fey
Markt 1, 26122 Oldenburg
Telefon 04 41 / 9 25 00 01
Telefax 04 41 / 2 48 99 21
E-Mail info@ratskeller-oldenburg.de
www.ratskeller-oldenburg.de

Etwas Schwein braucht der Mensch

»Gibt es eigentlich auch Frauen, die Landwirtschaft lernen?« fragte uns Heike vor einigen Monaten. Ulrich Koglin und ich sahen uns an und wussten auch keine genaue Antwort. Als wir dann mit den Recherchen zur Landpartie in Oldenburg begannen, fragten wir in der Landwirtschafts-

Dank Fußbodenheizung und warmem Licht von oben fühlen sich diese Ferkel sauwohl.

kammer nach und wurden fündig. Einen Tag später hatten wir einige Adressen. Mit Sonja Ulrich und Kerstin Vienna verabredeten wir uns dann zu Dreharbeiten in der Lehr- und Versuchsanstalt Wehnen. Dort absolvierten beide gerade einen Lehrgang in Sachen Schweinehaltung. Eine spannende Sache!

Als wir ankommen, wird gerade eine Sau in den Waschraum gebracht. Heike bekommt eine Schürze und eine Wurzelbürste in die Hand gedrückt. Sau waschen! Das Tier ist nämlich hochträchtig und soll so von lästigen Bakterien und Krankheitskeimen befreit werden, die den Ferkeln schaden könnten. Also schrubbt Heike die Sau und die beiden jungen Frauen erzählen ein wenig von ihrer Ausbildung. Sonja fand einen Ausbildungsbetrieb in der Nähe von Ganderkesee. Auf dem Schütte-Hof war sie der erste weibliche Lehrling. Ein Wagnis, fast! Doch Sonja ist gewitzt und konnte schon bald diverse Arbeiten ohne Anleitung ausführen. Dazu gehörte das allmorgendliche Ausmisten und Füttern im Kälberstall genauso wie anschließende Feldarbeit. Mit einem 200 PS-starken Schlepper rollte sie aufs Feld, lernte Dünger und Pflanzenschutz kennen – stets kritisch beobachtet vom Lehrherrn, denn schiefgehen durfte nichts. Ging auch nicht. Was Sonja anpackte, gelang. Nur die Überzeugungsarbeit bei ihren Freunden – die hat bislang nicht geklappt. Die können einfach nicht verstehen, dass die hübsche junge Frau Landwirtin lernt. Unbeirrt geht sie ihren Weg. Wo sie ihr Weg hinführen wird, weiß sie noch nicht ganz genau, aber neugierig auf die Zukunft ist sie.

Bei Kerstin sah die Berufswahl ähnlich aus. Ebenso wie Sonja kommt auch sie von einem Hof und wollte nach dem Abitur einen praktischen Beruf ergreifen. In Krummhörn bei Emden lernt sie bei Familie Lübbers – wie Sonja mit Familienanschluss. Auf dem Milchviehbetrieb muss sie

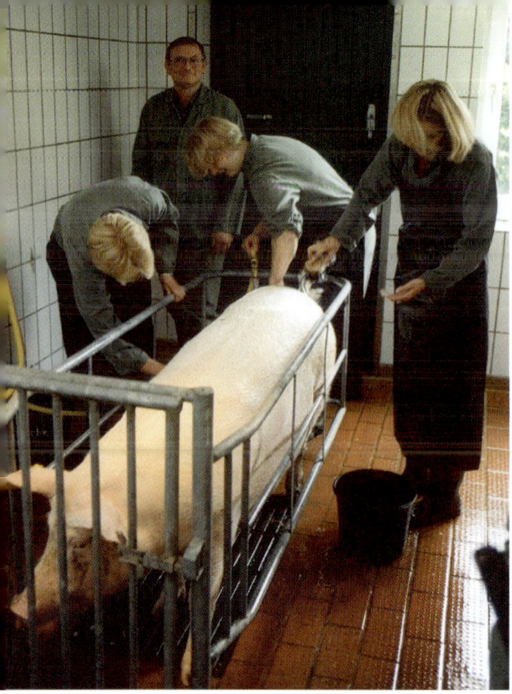

Nur eine frisch gewaschene Sau kann eine wirklich gute Mutter werden. Ehrenwort!

ab und an auch mal Geburtshilfe leisten, natürlich nur unter fachkundiger Anleitung. »Es ist ein schöner Augenblick, wenn ich dem Kalb die erste Milch aus der Flasche geben kann«, sagt Kerstin. Dennoch sieht sie das Landleben nicht durch die rosarote Brille einer Städterin. Die Tierhaltung ist ein Betriebszweig, von dem die Bauern leben müssen. Übertriebene Romantik ist da völlig fehl am Platz. Und nur Kälbchen mit der Flasche füttern, geht natürlich nicht. Viel wichtiger sind da die Zuchtbullen, um die sich Kerstin ebenfalls kümmert. Nicht nur praktisch, sondern auch auf dem Papier. Denn geeignete Paarungen sind ein spezieller Zweig, der viel Fachwissen verlangt. Tierzüchter müssen ein Gespür für ihre Tiere haben, sonst kommt bei der Zucht nichts Brauchbares heraus.

Zurück zur – mittlerweile frisch gewaschenen – Sau. Für die geht es jetzt zurück in den Stall. Es ist Fütterungszeit, Heike will helfen und beäugt kritisch die sechs Sauen, die da im engen Gatter stehen. Ist das artgerecht? Doch Sonja erklärt, dass so die Ferkel geschützt werden. »Sauen können sehr leicht ihre Ferkel erdrücken, wenn sie sich hinlegen. Um das zu verhindern, wurde eine relativ enge Metallkonstruktion gebaut. Sobald die Ferkel abgesetzt, also nicht mehr bei der Sau sind, kommen die Muttertiere auch wieder in einen normalen Stall, in dem sie sich bewegen können.« Heike nickt, muss die Erklärung aber noch verarbeiten. Da fällt ihr Blick auf eine Gruppe Ferkel, die eng beieinander liegen.

Noch bevor sie etwas fragen kann, antwortet Kerstin bereits: « Fußbodenheizung! Der Ruhe- und Schlafbereich der Ferkel hat natürlich nicht nur warmes Licht von oben, sondern auch eine Fußbodenheizung mit einer Temperatur von 32° Grad. Die Ferkel fühlen sich sauwohl!«

Heike verweilt einen Moment, dann möchte sie von den beiden Azubis wissen, ob sie die Tierhaltung der Großväter oder die heutige besser finden. Lange brauchen Sonja und Kerstin nicht zu überlegen.

»Wenn ich mir die alten Schweineställe bei uns in der Gegend ansehe,« sagt Sonja, »dann sind die oft ziemlich dunkel und auch zugig. Ich glaube, dass es den Schweinen heute besser geht. Das Futter ist ausgewogen, die Ställe sind hell und haben meist eine gute Belüftung.«

Zum Abschluss möchte Heike noch sehen, wie die Schweine gehalten werden, wenn sie von der Sau abgesetzt werden. In der Lehr- und Versuchsanstalt Wehnden wird ein Stallsystem erprobt, das seit einigen Jahren immer öfter gebaut wird –

Idylle im Oldenburger Land – vor ein paar Jahrzehnten befürchteten Umweltschützer hier die ökologische Krise. Inzwischen werden ehemalige Ackerflächen nach Ökorichtlinien bewirtschaftet.

das so genannte »Nürtinger System«. Die kleinen Schweine machen einen ausgesprochen munteren Eindruck, als Heike über die Einfriedung steigt. In breiten, langen, beheizbaren Hütten, schlafen und ruhen die Schweine. Im Auslauf stehen Strohautomaten, damit die Tiere ihren Schnüffel- und Buddeltrieb ausleben können, eine schweinische Spielwiese sozusagen. Und dann gibt es noch die Toilette. Schweine sind sehr saubere Tiere und »machen« stets nur in eine bestimmte Ecke. Dieses System bietet aber auch dem Landwirt Vorteile. Er braucht kaum Heizkosten, denn die Tiere halten sich durch ihre Körperwärme gegenseitig warm. Das Nürtinger System eignet sich auch für halboffene Ställe. Einige Bauern behaupten sogar, dass die Tiere darin wesentlich gesünder seien. Eine Erfahrung, die man in der Lehr- und Versuchsanstalt Wehnde noch nicht bestätigen kann. Heikes Wissensdurst über Frauen in der Landwirtschaft ist befriedigt. Auf dem Weg zur Kutsche erzählt sie voller Hochachtung von den beiden Frauen, die mit viel Selbstbewusstsein ihr Leben in die Hände nehmen.

Versuchstation für Schweinezucht und Haltung Wehnen
Herr Brunken / Herr Hattermann
Herrmann Ehlersstr. 15
26160 Bad Zwischenahn/Wehnen
Telefon 04 41 / 96 99 90
E-Mail hg.brunken@lwk-we.de
www.lwk-we.de

Wasser statt Gülle

In den siebziger und achtziger Jahren geriet das Oldenburger Land, vor allem die Kreise Vechta und Cloppenburg, in die öffentliche Kritik. Durch die intensive Tierhaltung und den damit verbundenen Futteranbau kam es in der Region zu einem ernsten Umweltproblem. Naturschützer fürchteten die Vergiftung des Trinkwassers. Ein weiteres Problem war der saure Regen. Das Wasserwerk in Holdorf wurde zu einem Negativsymbol der Grundwasserverschmutzung. Wir wollten sehen, was seither geschehen ist. Um es gleich vorweg zu sagen: Wir waren erstaunt. Das Wasserwerk war nicht nur äußerlich völlig neu – auch im Inneren hatte sich viel getan. Es gab eine neue Philosophie und auch die gefiel uns besonders gut. Aber zurück zum Anfang.

Egon Harms ist Betriebsleiter der Anlage. »Damals«, so erklärt er uns, »lagen die Nitratwerte teilweise über 150 mg pro Liter Wasser. Jetzt sind es 47 Milligramm, das ist weniger als ein Drittel.« Möglich machte es die neue Wasserwerktechnik und auch die Zusammenarbeit mit den Landwirten. Nach Jahren der Konfrontation setzten sich vor über zehn Jahren Wasserwerker und Landwirte an einen Tisch und suchten nach einer Lösung für ihre Probleme. Allen war klar, dass etwas geschehen musste. Wer heute auf den Turm des Wasserwerkes klettert, kann das Resultat sehen: Ein breiter bewaldeter Gürtel zieht sich rund ums Wasserwerk. Aber nicht nur um das Wasserwerk in Holdorf haben die Wasserwerker das Landschaftsbild verändert. Inzwischen werden über 2.000 Hektar Ackerland im Wasserschutzgebiet nach Ökorichtlinien bewirtschaftet.

Wir steigen wieder vom Turm und möchten uns mit einigen Landwirten unterhalten. Egon Harms begleitet uns. Die erste Adresse ist der Hof von Hermann Starke. Mittlerweile sind fast die Hälfte seiner Flächen Bioäcker. »Obwohl ich mich nach wie vor damit schwer tue, nach Ökorichtlinien zu wirtschaften«, sagt Hermann Starke ganz offen. Wir fahren auf einen Acker hinaus und es ist deutlich zu sehen, dass auf den Ökoflächen weniger Getreide wächst, ein Teil mit Mehltau befallen ist und so genannte Un- oder Beikräuter dem Getreide das Leben schwer machen. Das konventionell bewirtschaftete Feld sieht dagegen richtig sauber und ordentlich aus. Aber: »Für das Grundwasser ist diese Art der Bewirtschaftung allemal besser!« Die guten Getreidepreise im Ökobereich machen die geringere Ernte wieder wett.

Aber auch auf den konventionell bewirtschafteten Flächen hat sich einiges verändert. Mit neuer Technik wird heute die Gülle auf den Acker gebracht. Damit wird der Ammoniakausstoß erheblich gemindert. Über den so genannten Biopool erhalten die Landwirte von der Wasserwirtschaft finanzielle Unterstützung, wenn sie aktiven Umweltschutz betreiben. Diese Zahlungen rechnen sich sogar auch für die Wasserwirtschaft, denn eine Anlage, die das Nitrat aus dem Wasser filtern müsste, wäre erheblich teurer.

Einer der Landwirte will schon bald seinen gesamten Betrieb auf Biolandbau umstellen. Seit im Südoldenburgischen Bauern und Wasserwirtschaft zusammenarbeiten, verdienen beide am Umweltschutz. Ein Beispiel, das Schule machen könnte.

Der Herr der Pferde

Hubertus Berges kommt uns in der Allee entgegen, die zu dem schmucken Hof führt. Er ist mit einem Schlepper unterwegs, am Haken einen Hänger voll mit Tritikale. »Triti … was?« »Tritikale«, betont Hubertus Berges, »ist eine Kreuzung aus Roggen und Weizen. Es wird häufig auf so genannten Grenzböden angebaut, weil auf denen weder Weizen noch Zuckerrüben gut gedeihen.«

Der prächtige Hof Berges: Von hier kommen Spitzenpferde aus der Oldenburger Zucht.

Der Boden ist aber auch nicht so schlecht, dass auf ihm nur Roggen wachsen würde. Tritikale ist als hochwertiges Schweinefutter sehr geschätzt und deshalb brummt Hubertus Berges jetzt auch mit dem Schlepper zum Silo des Schweinestalls, wo neben Tritikale noch Gerste und Soja sowie Mineralstoffe lagern, die dann mit dem geschroteten Getreide gemischt werden. Gesteuert wird die ganze Anlage natürlich von einem Computer. Morgens um fünf Uhr beginnt er seine Arbeit und steuert den Futtermischer genau nach dem Wachstumsstadium der Schweine. »Dafür werden aber die Futtermittel wieder nach alter bäuerlicher Sitte selbst angebaut«, erklärt Hubertus Berges. Das rechnet sich allemal günstiger für den Betrieb.

Wer die Schweine besichtigen will, muss in einen Overall schlüpfen. Nur so lässt es sich verhindern, dass Krankheiten in die Ställe geschleppt werden. Wie auch in der Lehr- und Versuchsanstalt Wehnen machen die Schweine einen fitten Eindruck. Aber es sind nicht die einzigen Tiere auf dem Hof von Familie Berges. Als wir den Schweinestall verlassen, werden gerade prächtige Pferde über den Vorhof geführt. Ein Bild, wie es im vergangenen Jahrhundert entstanden sein könnte: Der satte, grüne Rasen, die prachtvolle Allee und das großzügige Fachwerkhaus unterm blauen norddeutschen Himmel.

Berges senior, seit Jahrzehnten begeisterter Oldenburger Pferdezüchter, präsentiert die beiden zweijährigen Hengste, die bald der Körkommission vorgestellt werden sollen. Die strengen Maßstäbe des Zuchtverbandes werden darüber entscheiden, ob die Hengste später zur Zucht zugelassen werden. Gerd Berges ist zuversichtlich – es wären nicht die ersten Tiere, die aus seinem Stall kommen und bald zu den Spitzenpferden der Oldenburgerzucht gehören. Noch sind die Hengste ABC-Schützen und müssen bis zur Körung noch einiges lernen. Doch die Basis ist gelegt. Das zeigt schon die »Achter-Regel«, sagt Gerd Berges:

Auch der Bauerngarten von Maria Berges vereint Nützliches und Schönes in sich.

»Man sieht die Qualität eines Pferdes nach acht Tagen, nach acht Monaten und nach acht Jahren und die beiden Junghengste haben die ersten beiden Regel-Hürden genommen.« Im Stall oder besser: auf der Tenne steht schon der Nachwuchs dieses Jahres. Die beiden Stuten, mit denen Herr Berges den hoffnungsvollen Nachwuchs züchtet, wurden auf anderen Höfen in der Nähe gedeckt. Anders als bei den Hannoveranern und Holsteinern wird die Hengsthaltung in der Oldenburger Zucht nicht zentral betrieben.

Die beiden Stuten erkennen ihren Besitzer schon an der Stimme, bevor er die Tenne betritt und begrüßen ihn laut wiehernd. Wie in vergangenen Zeiten stehen die Pferde auf der rechten Seite der liebevoll restaurierten Tenne.

Eine weitere Sehenswürdigkeit zeigt uns Maria Berges. Sie ist weit über die Grenzen des Oldenburger Landes wegen ihres Bauerngartens berühmt. Er ist nicht nur groß, er ist wirklich prachtvoll. Auf 110 mal 50 Meter zeigen sich alle Bestandteile eines richtigen Bauerngartens. Da wachsen neben Gemüse und Obst auch Blumen, Kräuter, Stauden und Bäume. So schön ein Bauerngarten ist, er versorgt die Bauernfamilien nicht nur mit Gartenfrüchten, sondern fungierte zu früheren Zeiten auch als eine Art Hausapotheke. Manche Bäuerin kannte sich bei den Heilkräutern hervorragend aus. Der ganze Garten ist mit einer Hecke aus

Hain- und Rotbuche und Weißdorn eingefasst. Eine lange Achse, die von der »Sietdör« des Hauses ausgeht, zieht sich durch den Garten und endet an einer Hainbuchenlaube. Vieles im Garten stammt aus der Zeit, in der er angelegt wurde. Da ist in der Mitte der Anlage eine Sonnenuhr, von der aus die Wege des Gartens sternförmig abgehen. Abgegrenzt werden sie von Buchsbaumhecken. Unter ihnen findet Heike auch alte Rosensorten – ihr Hobby.

Neben der Apothekerrose entdeckt sie noch die rosafarbene Portlandrose »Jacques Cartier«. Die süß duftende Damaszenerrose »Rose de Resht« und die Moosrose »Mme Louise Leveque«. Aber auch im Obstgarten gibt es vieles zu entdecken: Da wachsen Äpfel mit so klangvollen Namen wie »Gravensteiner«, »Schöner vom Herrengut«, »Weißer Borsdorfer«, «Gelber Richard«, »Roter Borsdorfer« und »Biesterfelder«. Aber auch Methoden des biologischen Gartenbaus sind hier beliebt. Die Pfade zwischen den Gemüsebeeten werden zuerst mit einer dünnen Schicht Rasenmahd belegt und dann mit geschreddertem Material gemulcht. Gedüngt wird mit gut verrottetem Stallmist und mit mineralienhaltigem Gesteinsmehl. Für die sommerliche Aussaat deckt Maria Berges die Erde mit Rhabarberblättern ab.

Einige Bäuerinnen öffnen ihren Garten auch für Besucher. Anke zu Jeddeloh macht das – und genau die besuchen wir jetzt. Rainer Duen lässt seine Pferde antraben und los gehts.

Gerd Berges
Hof Veresch. 6, 49692 Elsten
Telefon 0 44 77 / 2 28
Telefax 0 44 77 / 14 27
E-Mail g.berges@web.de

Foto: Ingo Wandmacher

Lupinen bereichern jeden Bauerngarten!

Auf Rosen gebettet

Der Hof der Familie zu Jeddeloh ist ein Prachtstück. Heike kommt gerade recht, um beim Beschneiden der Rosen zu helfen. Im Sommer schneidet Anke zu Jeddeloh die verblühten Blüten unterhalb des Kopfes ab. Den richtigen Beschnitt der Rosen wird sie dann erst im Winter machen. Durch den Gesundheitsschnitt im Sommer können die verblühten Rosen keine Energie mehr aus der Pflanze ziehen und geben so den noch geschlossenen Blüten eine bessere Chance, in aller Pracht aufzugehen. Doch wie kommt man zu einem solchen Garten? »Ich habe in einem Kurs gelernt, wie man Gärten anlegt«, erzählt Anke zu Jeddeloh. Fachwissen tut not! Dazu gehört auch der richtige Umgang mit den Flächen. So entstanden Sichtachsen und Wege. Zwischen den so genannten Gehölzpflanzen, also Stauden, Ziergehölzen und Sichtschutzpflanzen, hat Anke zu Jeddeloh Gräser, Farne und Zwiebelgewächse gepflanzt. »So habe ich das

Anke zu Jeddeloh und Heike Götz im Garten der Jeddelohs. Die gesamte Anlage des Gartens hat Anke zu Jeddeloh selbst geplant.

ganze Jahr über ein stetig wechselndes Bild«. Zu den Pflanzengesellschaften gehören Schattengewächse mit dekorativen Blättern, wie die Funkie oder der Frauenmantel und verschiedene Sorten des Storchenschnabels, die wenig Ansprüche an den Boden stellen. Hingegen brauchen Beet- und Prachtstauden nährstoffreiche, wasser- und luftdurchlässige Böden. Das heißt, dass vor der Pflanzung der Boden für den Garten richtig vorbereitet werden muss. Nur pflanzen allein reicht nicht, wenn man wirklich Freude an seinem Garten haben möchte. Wer beispielsweise einen tiefen, lehmigen Boden hat, sollte ihn mit Sand oder Kies auflockern. Sinnvoll ist auf jeden Fall eine Bodenanalyse, damit man auch den Nährstoffstand des Bodens kennt. Anke zu Jeddeloh scheint nicht nur gut gelernt zu haben, sie hat auch den »grünen« Daumen. Ihre Pflanzen machen einen sehr gesunden Eindruck. Als sie die Stauden pflanzte, achtete sie gleich darauf, dass zwischen den Pflanzen genügend Abstand war. Bei Beetstauden sollten etwa fünf bis sechs Pflanzen auf einem Quadratmeter stehen, bei Gruppenstauden lediglich drei bis fünf Pflanzen. Schließlich gibt es noch die Leitstauden. Zu ihnen gehören Rittersporn, Chinaschilf, Astern und Pfingstrosen, aber auch Goldrute und Sonnenhut. Sie geben dem Staudenbeet eine gewisse Ordnung. Der Tipp von Anke zu Jeddeloh: »Besonders harmonisch wirken Beete, auf denen ein bis zwei Farben dominieren und sich andere Farben dann unterordnen. Gut abstimmen kann man zum Beispiel das Gelb der Taglilie und das Gelb-Grün des Frauenmantels.

Eine alte Pflanzenregel sagt: Niedrige Pflanzen gehören nach vorne, mittelgroße in die Mitte und hohe in den Hintergrund. Damit jedoch keine eintönigen, treppenartigen Pflanzungen entstehen, setzt Anke zu Jeddeloh Staudengruppen so, dass ihre Höhen unterschiedlich breit ineinanderlaufen. Niedrige Polsterstauden stehen dann nicht mehr nur im vorderen Beet, sondern finden auch im Mittelbeet ihren Platz. Zwischen den einzelnen Beeten ist zur optischen Beruhigung Rasen gesät. Von der Terrasse aus haben die Jeddelohs eine gute Übersicht, aber auch von jedem Winkel des Gartens aus hat man einen wunderbaren Blick. Den auch Besucher haben können: Vor einigen Jahren öffneten die ersten Bäuerinnen ihre Gärten, jetzt werden es immer mehr. Einige Gartenbesitzerinnen verkaufen auch selbstgemachte Marmelade, zeigen Töpfer- oder Bilderausstellungen, bieten einen Streichelzoo, verkaufen Blumen und Stauden oder stellen ihre Gärten sogar für Kindergeburtstage und Hochzeitsfotografen zur Verfügung.

Anke zu Jeddeloh
Wischenstr. 9
26188 Edewecht/Jeddeloh 1
Telefon 0 44 05 / 73 02
Telefax 0 44 05 / 4 96 99
E-Mail ankezj@web.de
www.bauerngarten.de

Gemüse en gros

Mit der Kutsche geht es jetzt durch Gemüsefelder – rechts und links neben der Straße wachsen Salat und Lauch, Steckrüben und Kohlrabi. Wir sind vor den Toren Cappelns, auf dem Hof von Wolfgang Mählmann. Der Hof Mählmann gehört wohl zu den größten Gemüseproduzenten Deutschlands. Auf über 2000 Hektar wachsen Eisbergsalat, Broccoli, Blumenkohl, Lauchzwiebeln, Chinakohl, Kopfsalat, Wirsing, Sellerie, Steckrüben und Kohlrabi. Wir entschließen uns, auf einen Acker mit Eisbergsalat zu fahren, auf dem gerade geerntet wird. Alle Mann entern den Trecker und auf der Fahrt erzählt Wolfgang Mählmann, wie er 1983 nach der Ausbildung zum Landwirtschaftsmeister den Hof von seinen Eltern übernahm. »Damals stand noch etwas Vieh auf dem 16 Hektar großen Nebenerwerbsbetrieb. Schon meine Eltern hatten aber auf zwei Hektar Freilandgemüse angebaut.« Wir erreichen das Feld. Im Schatten zweier riesiger Maschinen arbeiten viele Menschen. Wir machen die Kameras fertig und gehen zu einer dieser Maschinen, die im Schritttempo über das Feld rollt. 35 Menschen pro Maschine sind mit der Eisbergsalaternte beschäftigt. Wie bei fast allen arbeitsintensiven Landarbeiten sind es hauptsächlich Polen, die als Saisonkräfte kommen. Alle Versuche, deutsche Arbeitslose bei der Spargel-, Obst- oder Gemüseernte einzusetzen, sind gescheitert. Da ist es für Landwirte immer wieder ärgerlich, wenn Politiker den Landwirten und den polnischen Saisonkräften Steine in den Weg legen, nur weil im fernen Berlin jemand meint, deutsche Arbeitslose auf die Felder schicken zu können. Wolfgang Mählmann ist jedenfalls sehr zufrieden mit seinen polnischen Mitarbeitern. «Ohne sie«, sagt er,« könnte ich den gesamten Gemüseanbau vergessen – und damit spreche ich für alle Obst- und Gemüsebauern hierzulande.«

Doch nicht nur polnische Saisonkräfte sind nötig, bei Mählmanns arbeitet sogar ein Agraringenieur, der für den Pflanzenschutz zuständig

Über mangelndes Interesse an der Feldarbeit kann sich dieser Bauer nicht beklagen.

Foto: Mählmann

Etwa 90 Millionen Jungpflanzen werden im Gemüseanbaubetrieb Mählmann gesetzt. Eine reife Leistung.

ist. Ein weiterer Agraringenieur ist für die Qualitätskontrolle zuständig. Ein sehr wichtiges Arbeitsfeld. »Wir möchten unseren Kunden schließlich gleichbleibende Qualität liefern«, sagt Wolfgang Mählmann – und das ist gar nicht so einfach bei ständig unterschiedlichem Wetter. Es ist beeindruckend, was alles an Arbeit und Logistik hinter einem Eisbergsalat steckt. »Etwa 90 Millionen Jungpflanzen werden jedes Jahr angepflanzt«, vermeldet Wolfgang Mählmann.

90 Millionen Pflanzen? Für uns alle ist das eine unvorstellbare Menge. Wir beenden die Dreharbeiten auf dem Eisbergsalatfeld und einige aus unserem Team »verdingen sich als Erntehelfer«. Mit jedem Salat, den sie abschneiden, einpacken und in den Erntewagen geben, steigt ihr Respekt vor den Erntehelfern aus Polen. In drei Schichten zu jeweils acht Stunden arbeiten sie Tag für Tag. Mit einem völlig neuen »Eisbergsalatbewusstsein« fahren wir zur Abpackhalle.

Dort erfahren wir, dass etwa 98 Prozent der gesetzten Pflanzen auch geerntet werden, von bis zu 400 Saisonkräften. 40 Arbeitskräfte haben Zeitverträge mit einer Laufzeit von acht Monaten und 30 Mitarbeiter sind fest angestellt. »Das«, meint Heike, »ist ja schon ein kleines Imperium.« Wolfgang Mählmann nickt, zeigt auf die Packhalle, die Wasch- und die Leerguthalle. Hinzu kommen fünf Kühlräume mit 3.700 Quadratmeter Grundfläche. Mit viel Risikobereitschaft und noch mehr Arbeit hat Wolfgang Mählmann aus dem Nebenerwerbsbetrieb seiner Eltern einen der größten Gemüseanbaubetriebe Deutschlands gemacht. Fast irritiert von den angebauten Mengen, kommt uns der Hofladen schon viel heimeliger vor. Dennoch: Die Menge muss sein, sagt Wolfgang Mählmann. «Durch diese Art der Produktion können die Preise so günstig sein, wie sie nun mal sind. Die Maschinen werden optimal ausgelastet, ich kann einen Wissenschaftler anstellen, der für den Pflanzenschutz zuständig ist und Erntewege einrichten, die wirklich die Frische der Ware garantieren.«

Und wie geht es mit dem Gemüse nun weiter? Wolfgang Mählmann empfiehlt uns den Gang zur ELO, der Erzeugergemeinschaft Langförden Oldenburg. Das ist eine Erzeugergenossenschaft, zu der auch sein Betrieb gehört. Wir bedanken uns, setzen bei der Fortbewegung aber weiterhin auf Traditionelles. Rainer Duen lässt die Peitsche knallen und die Rösser traben.

Wir fahren Nebenstrecken und Feldwege. Rainer Duen gibt uns Auskunft in Sachen »Führerschein für Kutschen«. »Pferdegespanne gelten noch heute als Transportmittel im Straßenverkehr und deshalb braucht man keinen Führerschein«, sagt Rainer Duen. Aus Sicherheitsgründen machen aber fast alle Gespannführer Kurse, in denen sie das Fahren nach der Straßenverkehrsordnung lernen. Auch Rainer Duen bietet solche

Kurse an. Sie dauern zehn Tage und enden mit einem Diplom, und während er das erzählt, sieht man in Heikes Gesicht, dass sie innerlich mit der Frage kämpft: Soll ich oder soll ich nicht?

Wolfgang Mählmann
Im Siehenfelde 13
49692 Cappeln
Telefon 0 44 78 / 9 48 0-0
Telefax 0 44 78 / 94 80-50
E-Mail maehlmann-gemuesebau@t-online.de
www.maehlmann-gemuesebau.de

Kleines, grünes Imperium

Die Pferde von Rainer Duen sind straßensicher. Obwohl uns laufend Autos mit einer schier Wahnsinnsgeschwindigkeit überholen, zeigen sich die Pferde von dieser Konkurrenz kaum beeindruckt. Bald biegen wir wieder in ein Waldstück ab. Wir sind auf dem Weg nach Langförden. Als wieder Vogelstimmen statt Benzinmotoren zu hören sind, will Heike wissen, wie Rainer Duen als Kutschfahrer über Autos denkt. »Natürlich gut, sie haben vieles einfacher und bequemer gemacht«, gibt er unumwunden zu. Doch nach einer kleinen Bedenkzeit fügt er hinzu: «Sie haben aber auch unseren Blick verändert. Wir nehmen unsere Umwelt nur noch als vorbeirasende Landschaft wahr. Hier vom Kutschbock aus können wir uns alles in Ruhe ansehen. Pferde gehen nicht sehr viel schneller als Menschen. Unsere Augen können verweilen, wir können hören, was um uns herum passiert und es ist vielleicht auch einfacher, einmal anzuhalten. Ich glaube, dass das Tempo der Pferde uns beruhigt. Vielleicht ist es Balsam für die Seele. Viele, die bei mir Kutsche fahren lernen, wollen gar nicht bei Turnieren teilnehmen. Sie wollen mit ihrem Gespann die Welt entdecken – und das geht wirklich prima. Wenn Du gut fahren kannst, dann hast Du Zeit zum Schauen und ich bin sicher, auch wenn Du eine Strecke vorher vielleicht hundert Mal mit dem Auto gefahren bist, wenn Du sie dann vom Kutschbock aus erlebst, hast Du den Eindruck, durch eine neue, fast unbekannte Landschaft zu fahren.«

Foto: ELO

Frische Erzeugnisse der Erzeugergemeinschaft Langförden-Oldenburg.

Luftaufnahme vom neuen Lagerhaus der ELO, eingeweiht 1998.

So viel hatte Rainer Duen bis jetzt an einem Stück noch nicht erzählt! In uns steigt die Überzeugung auf, dass er Recht hat.

Doch da sind schon die ersten Häuser von Langförden, die brausende und hupende Gegenwart hat uns wieder. In der ELO, der Erzeugergemeinschaft Langförden-Oldenburg, tauchen wir in die Welt des vitaminreichen Obstes und der frischen Gemüse ein. Werner Freese erwartet uns schon an der Tür und bittet uns zu einem neuen Lagerhaus, dem Stolz der ELO. »Aber warme Kleidung anziehen«, sagt er noch. Es ist bitterkalt in der riesigen Halle. Gabelstapler wieseln mit Palettentürmen hin und her und schieben Tonnen an Gemüse in die dunklen Laderäume der wartenden LKW. »Morgen früh«, versichert Werner Freese, »wird der Chinakohl, der heute geerntet wurde, in Süddeutschland in den Regalen liegen. Dank der Kühlung knackfrisch.«

Heike, wie auch einige andere aus unserem Team, sehen die doch eher industrielle Vermarktung der Feld- und Baumfrüchte kritisch. »Damit stehen Sie nicht allein«, gibt Werner Freese zu. »Viele Verbraucher beobachten das mit einer gewissen Skepsis, weil dies so gar nicht in das Bild der Landwirtschaft zu passen scheint. Wer jedoch Wert auf Frische legt und nicht selber einen Garten hat oder einen Gemüsebauern in der Nachbarschaft, der muss eigentlich unser Vermarktungssystem der ELO gut finden.« Wie, wenn nicht so, sollte sonst frisches Obst und Gemüse auf unseren Tisch kommen?

Wir nähern uns einem mannshohen Tunnel. Hier wird dem Obst der Sauerstoff entzogen. Gleichzeitig wird es auf zwei Grad heruntergekühlt. »Das ist die beste Lagertemperatur«, sagt Werner Freese. In den Kisten, die gerade in den Tunnel geschoben werden, liegt Gemüse, das noch vor zwei Stunden auf dem Feld stand. Wir gehen weiter in die Lagerhallen, in denen das Gemüse auf drei Etagen auf den Weitertransport wartet. Heike entdeckt einige Möhren und denkt gleich an die Pferde von Rainer Duen. Natürlich darf sie ein Bund mitnehmen – Mundraub ist erlaubt. »Unsere Waren liegen nie länger als acht bis maximal 12 Stunden hier«, versichert Werner Freese.

Auch wir sind bald mit den Dreharbeiten fertig. Heike gibt den Pferden die Möhren. Eindeutig ist am gierigen Kauen der Pferde abzulesen: Die Karotten haben den Frischetest bestanden.

Erzeugergroßmarkt
Werner Freese
Lange Str. 7, 49377 Vechta-Langförden
Telefon 0 44 47 / 96 20-20
Telefax 0 44 47 / 96 20-96
E-Mail verkauf@elo-online.de
www.elo-online.de

Pferde zum Verlieben

Wir fahren mit Rainer Duen zurück nach Cappeln. Er parkt in Frack und Zylinder seine Kutsche mit den vier Pferden auf dem Gestüt von Gudula

Ein Anblick, der das Herz von Pferdekennern höher schlagen lässt: Ein Oldenburger Nachwuchspferd der Spitzenklasse.

Vorwerk-Happ. Die Pferdeanlage gehört zu den bekanntesten der Oldenburger Zucht. Und sicherlich zu einer der am besten ausgerüsteten. Gleich neben dem Eingang ist die Waschanlage für die Pferde. Hier werden sie nach getaner täglicher Arbeit abgespritzt. Das ist nicht nur gut fürs Fell, sondern hilft auch der Durchblutung und der Muskulatur. Heike hat sich natürlich vorher mit Leckerlis bewaffnet und füttert gleich einen der prachtvollen Hengste damit. Im Solarium neben der Waschanlage erholen sich die vierbeinigen Leistungssportler standesgemäß, bevor es in den eigentlichen Stall geht. Er ist wie das ganze Gestüt mehr als großzügig bemessen. Die edlen Pferde stehen in großen, hellen Boxen. Von hier aus werden sie verkauft, gehen in den Spring- oder Dressursport. Welchen Weg das einzelne Pferd dann geht, hängt vom jeweiligen Talent ab. Gudula Vorwerk-Happ reitet selber nicht mehr, trotzdem ist sie eine fast »besessene« Pferdefrau geblieben. Die Hengsthaltung hat auf dem Gestüt eine lange Tradition. »Mein Urgroßvater«, so erzählt sie, »ist bereits vor 125 Jahren mit seiner Oldenburger Stute ins Stedinger Land geritten, um sie von dem damals bekannten Hengst Young Mozart decken zu lassen.« Aus dieser Verbindung kam der Hengst Agrarier, der 1875 von der großherzoglichen Körungskommission in Oldenburg zur Zucht zugelassen wurde und den Grundstein für die erfolgreiche Vorwerksche Hengsthaltung legte.

Gleich neben dem Eingang des Hengststalls steht in der linken Box »Zeus«. Er ist der Methusalem, stolze 28 Jahre alt und noch sehr fit. Allein seine Nachkommen haben eine Gewinnsumme von über zwei Millionen Euro eingebracht. Doch der bekannteste Hengst im Gestüt Vorwerk-Happ war »Rubinstein«. Leider erkrankte er und musste eingeschläfert werden. Seine Söhne stehen aber jetzt als Deckhengste in der Anlage. Der interessanteste Nachkomme ist »Rohdiamant«. Aber von wegen roh: Das Multitalent ist ein »Kracher« auf allen Ebenen. Der sanfte Charmeur hat Heike schnell in seinen Bann gezogen. Überhaupt, die Hengste von Gudula Vorwerk-Happ sind ausgesprochen umgänglich und menschenbezogen.

Heike möchte gerne die Pferde bei der Arbeit sehen. Deshalb geht sie mit der Gestütschefin zur gegenüberliegenden Reithalle. Wir folgen ihnen mit den Kameras, denn jetzt wird es hochherrschaftlich. Gerade ist ein Reitlehrer der Wiener Hofreitschule zu Gast: Herr Heuers kommt in regelmäßigen Abständen vorbei, um die Dressurpferde weiter auszubilden. Mit drei Jahren werden die Tiere eingeritten, gut 6 Jahre wird täglich trainiert. Erst dann sind die Pferde für den großen Sport fit genug.

Während unserer Dreharbeiten in der Reithalle wird Gudula Vorwerk-Happ immer nervöser. Wir wechseln besorgte Blicke. Was ist schief gelaufen? »Gar nichts«, lacht sie, »ich muss nur ganz dringend nach Aachen!« Dort hat sie einen Nachwuchshengst entdeckt, den sie unbedingt kaufen möchte.

»Ein Pferd zum Verlieben«, wie sie meint – und dieser Liebe wollen wir natürlich nicht im Wege stehen, packen zusammen und gehen zu Rainer Duen. Seine Pferde wollen anscheinend auch los. Sie trippeln schon nervös vor der Kutsche.

Gestüt Vorwerk
Gudula Vorwerk-Happ
Macrostr. 4
49692 Cappeln
Telefon 0 44 78 / 2 33
Telefax 0 44 78 / 12 43
E-Mail gestuet-vorwerk@t-online.de
www.gestuet-vorwerk.de

Ein »ganz normaler« Ökobauernhof

Am folgenden Tag haben wir uns erst für den Nachmittag mit Rainer Duen verabredet. Morgens wollen wir bei Heinrich Tiemann in Twistringen drehen und der Anmarsch wäre für die Pferde viel zu weit. Dank der vielen PS in den Teamwagen, sind wir pünktlich um sieben Uhr früh auf dem Hof von Familie Tiemann. Der Hausherr scheint im Gegensatz zu einigen aus unserem Team sehr gut aus dem Bett gekommen zu sein. Fröhlich und wach empfängt er uns. Weder Heinrich Tiemann noch sein Hof machen den Eindruck eines ökologischen Betriebs. Auch Heike schaut sich um und bestätigt, was wir alle denken: So sieht kein Ökobauernhof aus – jedenfalls nicht so, wie die, die wir bisher gesehen haben. Heinrich Tiemann lächelt uns an. Das hat er schon öfter gehört, aber er will sich trotzdem keinen Bart wachsen lassen und mit einem selbstgemachten Filzhut herumlaufen, nur damit ihn Journalisten als Biobauern anerkennen. Er hat Recht! Aber Heike möchte trotzdem wissen, wie er zum Biobauern wurde. »Früher war ich ein ganz normaler Hühnerhalter«, sagt er. »Ich hatte ein paar tausend Legehennen und verkaufte deren Eier, so wie es viele in der Gegend tun.« Doch eines Tages fragte er sich, ob das, was er da machte, wirklich das war, was er wollte. Er sah sich seine Hühner und Puten an und kam zu der Einsicht, dass es ihnen nicht besonders gut ging. Gemeinsam mit seiner Frau beschloss er deshalb, neue Wege zu gehen – »und das heißt, Bio-Geflügel und Bio-Eier erzeugen«. Es sollte ein steiniger Weg werden. Viele hielten ihn für verrückt.

Doch jetzt zeigt er uns stolz die jungen Puten, Bronzeputen aus England. »Es hat einige Zeit gedauert, bis ich den Betrieb so aufgebaut hatte, wie er heute läuft – und Rückschläge hat es auch gegeben. Für die Bio-Produktion eignen sich nicht alle Tiere. Wir haben lange gesucht, bis wir Puten gefunden haben, für die

Foto: Wiesengold-Landei

Auch die wunderschönen Bronzeputen landen eines Tages auf dem Teller.

Freilandhaltung das Richtige ist.« Die normalen Truthähne, die in der Intensivhaltung gemästet werden, sind viel zu empfindlich, und alte Putenrassen bringen auch im Biobereich zu wenig Leistung.« Die Tiemanns reisten und: »In England, bei Familie Kelly, wurden wir fündig. Die Kellys züchten schon über dreißig Jahre Bronzeputen und haben sich in England und Frankreich einen guten Markt aufgebaut. Ich bin etwa vor zehn Jahren auf die Tiere aufmerksam geworden. Sie haben mir gleich gefallen. Mit mehreren Landwirten aus der Region haben wir uns zusammengeschlossen, um in die Bio-Puten-Haltung einzusteigen.« Im Außengehege begrüßen uns 500 große Puten. Wie eine Welle baut sich ihr Ruf auf. Einzelne Tiere beginnen und schließlich ruft die ganze Mannschaft. Das Gefieder der Bronzeputen schimmert wie ein Regenbogen oder wie feinstes Erz in der Morgensonne. Die Truthähne plustern sich auf und stolzieren erhabenen Schrittes um uns herum. Heinrich Tiemann kehrt zu seinen Anfängen der Bio-Geflügelhaltung zurück. »Wir brauchten damals ja nicht nur Tiere, die sich für den Biobereich eigneten, wir mussten das richtige Futter besorgen, passende Stallanlagen finden und einen Markt aufbauen.« Das ist im Geflügelbereich nicht gerade leicht. Die Ökotiere wachsen langsamer, brauchen mehr Betreuung und fressen teureres Futter. Und das bei einer Konkurrenz, die mit extrem niedrigen Preisen auf dem Markt ist. »Ohne die Abnahmegarantie eines großen deutschen Babynahrungsherstellers wäre der Einstieg bei den Puten und Hähnchen sicherlich wesentlich schwerer gewesen.« Doch der Kunde hat eine ganze Menge davon, denn Tiemanns Puten bekommen auch nur Tiemanns Futter zu fressen: Der Hof ist vom Naturlandverband anerkannt und das heißt, dass auf chemisch-synthetische Pflanzenschutzmittel und auch auf mineralischen Stickstoffdünger verzichtet wird. Die Puten werden derweil neugierig, kommen näher und schauen den eigenartigen Wesen zu, die große Kisten auf den Schulter schleppen und um Herrn Tiemann und eine junge Frau herumrennen. Schließlich probiert die erste, wie Kameramannhosenbeine schmecken und auch andere Puten kommen auf den gleichen Geschmack.

Foto: Wiesengold-Landei

Bei Heinrich Tiemann dürfen sich die Hähnchen auf grüner Wiese austoben.

Wenn uns schon Puten keine Angst machen, können wir auch noch Bio-Freiland-Hähnchen drehen. Wir fahren einige Kilometer zu einem anderen Hof. Das ist wirklich Freiland: Auf einer 1,5 Hektar großen Wiese haben die Hähnchen schon fast ein Sportgelände für sich.

Sie scharren, sie picken, sie baden sich im Sand. »Wir schlachten und essen die Tiere, sollten sie dann nicht wenigstens das Recht haben, möglichst gut zu leben?« Heike nickt und möchte wissen, ob die Hähnchen auch speziell für die Biohaltung gezüchtet wurden. So ist es: »Sie kommen aus Frankreich. Standardhähnchen können wir im Biobereich nicht einsetzen. Sie werden zu schnell zu groß und bekommen dann erhebliche Probleme mit dem Kreislauf und den Knochen. Wir mussten also nach einem Hähnchen suchen, dass gesund und robust ist und trotzdem gut wächst.«

Heinrich Tiemann blickt zufrieden auf sein Federvieh: »Mit diesen Hähnchen sind wir sehr zufrieden. Das Fleisch ist sehr schmackhaft.« Pause. »Es ist ...!« Kopfschütteln. »Was erzähle ich da«, ruft Herr Tiemann da laut, »Ihr müsst es probieren.«

Zurück auf seinem Hof, ist der Probiertisch bereits gedeckt. Ein Schlaraffenland an knusprig gebratenem Geflügel harrt unser. Niemand lässt sich da lange bitten, alles schlemmt und die ersten kulinarischen Urteile sind voll des Lobes. »Ist ja irre!« sagt Ekkehard Schone, unser erster Kameramann, «so haben die Hähnchen in meiner Jugend geschmeckt.« Heinrich Tiemann macht uns noch darauf aufmerksam, dass weder Tiermehl, noch Antibiotika oder so genannte vorbeugende Tierarzneimittel eingesetzt werden dürfen.

Nach dem Testessen fahren wir zu einem weiteren Hühnerstall. Bio-Eier, ein Thema, das immer wieder kontrovers diskutiert wird. Heinrich Tiemann empfiehlt, nur Bio-Eier von anerkannten Bio-Verbänden wie Bioland, Naturland, Biopark oder Demeter zu kaufen. »Diese Höfe und die Eier werden ständig kontrolliert.«

Heinrich Tiemann führt uns in einen so genannten »Volierenstall«. An den beiden Längsseiten des Stalls sind überdachte Volieren angebracht, in denen die Tiere ihren Auslauf haben, aber vor Regen, Sonne und anderen Wettereinflüssen relativ geschützt sind. Im Stall gibt es mehrere Etagen, sodass sich die Hühner auf Stangen setzen, im Sand baden oder ein Nest aufsuchen können – ganz nach Belieben.

Der Ausflug zum Bio-Geflügel, da sind wir uns alle einig, hat sich gelohnt.

Heinrich Tiemann
Dimhausen 5
27211 Bassum
Telefon 0 42 41 / 35 67
Telefax 0 42 41 / 48 84
E-Mail info@biohof-tiemann.de
www.biohof-tiemann.de

Foto: Ingo Wandmacher

Schloss Jever ist sicherlich die markanteste Sehenswürdigkeit der Stadt. Ein Besuch lohnt sich!

Kein anderes Bier

Nach Beerenobst, Saft, Schafskäse und Lammschulter ist es Zeit für ein schönes, norddeutsches Glas Bier. Wir machen uns auf den Weg nach Jever, haben noch ein Stündchen Zeit und unternehmen eine kleine Stadtbesichtigung.

Da Jever auf eine fast 1000-jährige Geschichte zurückblickt und damit zu den ältesten Orten städtischer Entwicklung auf niedersächsischem Boden zählt, finden sich hier viele wertvolle Baudenkmäler, prächtige Kunstwerke und Sehenswürdigkeiten. Mittelpunkt des schmucken Friesenstädtchens ist unverkennbar das Schloss, das ursprünglich als Wehranlage diente. Erst durch den Ausbau im Auftrag von Fräulein Maria erhielt das Schloss sein charakteristisches Antlitz, vor allem den auffälligen und weithin sichtbaren barocken Turmaufsatz.

Info

Schlossmuseum Jever
Postfach 1135
26435 Jever
Telefon 0 44 61/ 9 69 35-0
Telefax 0 44 61 / 9 69 35-99
E-Mail schlossmuseum.jever@net
www.schlossmuseum.de

Stadtverwaltung Jever
Am Kirchplatz 11, 26441 Jever
Telefon 0 44 61 / 93 92 21
E-Mail info@jever.de
www.jever.de

Eine weitere bemerkenswerte und sehr bekannte Einrichtung ist die Brauerei in Jever. Zu ihr gehört auch ein Museum, und da haben wir uns verabredet. »Das Reinheitsgebot des

Hinter diesen spiegelnden Türmen wird das wohlbekannte »Jever Pils« gebraut.

Bieres«, so erfahren wir von Braumeister Groneick, »ist das älteste noch heute geltende Lebensmittelgesetz.«

Doch erst im 19. Jahrhundert wurde in Jever daselbst gebraut. Als sich 1848 der Gastwirt Dietrich König in Jever niederließ und bald neben der Wirtschaft im Schauspielhaus auch eine Brauerei gründete, gab es schon harte Konkurrenz. Es wurde Bier aus

Sauber, hygienisch und computergesteuert – so sieht heute eine Brauerei aus.

Bayern, Dresden und sogar aus Wien verkauft. 1867 übernahm Theodor Fetköter den Betrieb mit seinen zehn Angestellten und hatte fünf gute Ideen, um gegen die Konkurrenz anzukommen.

1. Er baute ein eigenes Distributionsnetz auf.
2. Er investierte in modernste Technik, um das Bier zu verbessern.
3. Er schaltete Anzeigen.
4. Er ließ das Bier in handlichen Flaschen abfüllen, während es bei anderen noch in Krügen ausgeliefert wurde.
5. Er investierte viel Geld und Zeit, um die richtigen Brunnen zu finden. 1894 entdeckte er die Quelle, die noch heute sprudelt.

»Genug Geschichte«, meint Heike und drängt ins moderne Brauhaus. Wir wechseln die Gebäude und damit die Welten des Bieres. Lädt das Museum noch zu einem Spaziergang durch die Geschichte des Bieres, so gehen wir nun in zukunftsweisende Räume. Der Spiegelglasturm der Brauerei ist schon von weitem zu erkennen. So klar und hell die Architektur von außen ist, so transparent erscheint sie auch von innen. Es muss wohl nicht extra erwähnt werden, dass heute Computer die gesamte Anlage überwachen. Alles ist sehr sauber und auf hohem hygienischen Stand.

Wie also entsteht das Bier? Welche Zutaten braucht man? Wie spielen die zusammen auf der Klaviatur des guten Bieres?

Herr Groneick erklärt: »Das Malz entsteht in der Mälzerei aus Gerste, aber auch aus Weizen und Roggenkörnern.« Die unscheinbaren Körner enthalten Kohlehydrate, Proteine und Vitamine. »Die Getreidekörner werden sortiert, geputzt und dann mehrere Tage eingeweicht. So entsteht Grünmalz.« Malz für helles Bier wird dann bei 80° Grad getrocknet. Malz für dunkles Bier bei ca. 100° Grad. Chemische Hilfsmittel gibt es in der Mälzerei nicht. »Der Mälzer steuert den Ablauf allein durch die richtige Dosierung von Feuchtigkeit, Temperatur und Belüftung. Malz gibt dem Bier seine Geschmacksfülle und die Farbe.«

Kommen wir zum Hopfen: »Hopfen gibt dem Bier nicht nur Aroma und den typisch herben Geschmack, er sorgt auch für die Schaumkrone auf dem frisch eingeschenkten Bier.« Hopfen ist ein Klettergewächs (und eine Heilpflanze!) und kann bis zu sieben Meter hoch werden. Das größte zusammenhängende Anbaugebiet der Welt ist die Hallertau in Bayern.

Bleibt noch die Hefe, die die Bierwürze zum Gären bringt. »Bei der Gärung«, lässt sich Herr Groneick vernehmen, »entsteht aus Malzzucker Kohlensäure und Alkohol.« Hefe sind übrigens Sporenpilze und überall in der Luft vorhanden. Keine Gärung ohne Hefe! Wobei die Hefe der ökonomischste Grundstoff des Bieres ist: Sie vermehrt sich während des Brauens selber. »Heute werden in Deutschland nur noch Reinzuchthefen verwendet, um die gleichbleibende Qualität des Bieres zu gewährleisten.«

In der Brauerei werden die Malzkörner geschrotet und dann im Maischbottich mit Wasser, einem eben so wichtigen Rohstoff, vermengt. In der Maischpfanne wird die Maische auf verschiedene Temperaturen erhitzt. Dabei wandeln die natürlichen Enzyme der Malzkörner die wasserunlösliche Stärke des Getreides in löslichen Malzzucker um.

Der nächste Schritt ist der Läuterbottich. In ihm werden die festen

»Keine Termine – keine Hektik – kein anderes Bier«: Die grünen, schlanken Flaschen sind bei Liebhabern des friesisch herben Genusses sehr beliebt.

Bestandteile der Maische von der Flüssigkeit getrennt. Die aus dem Läuterbottich abfließende Würze mit ihren wertvollen Inhaltsstoffen gelangt nun in die Sudpfanne. Hopfen kommt dazu und die Würze wird danach 1,5 Stunden gekocht. Je mehr Hopfen der Brauer zugibt, desto herber schmeckt das Bier. Nach dem Kochen wird die Würze heruntergekühlt, Hefe wird zugesetzt. Im Gärtank wandelt die Hefe den in der Würze gelösten Malzzucker in Kohlensäure und Alkohol um. Wenn die Hefe ihre Arbeit getan hat, wird sie abgezogen. Doch bevor das Bier abgefüllt wird, gönnt ihm der Brauer noch einmal eine mehrwöchige Pause. Bevor das Bier schließlich abgefüllt wird, zieht der Brauer die letzte Hefe ab. In der Abfüllanlage werden heute etwa 100.000 Flaschen pro Stunde abgefüllt. Heike ist beeindruckt. Unser Rundgang endet, wie sollte es anders sein, an einer Theke. Wir bedanken uns für die eindrucksvolle Führung. Prost – es schmeckt wirklich friesisch herb.

Heike ist nur etwas traurig, dass sie den Jever – Mann aus der Werbung nicht kennen gelernt hat.

Brauhaus zu Jever
Elisabethufer 17
26441 Jever
Telefon 0 44 61 / 1 31 01
E-Mail info@jever.de
www.jeder.de

Führungen finden von Montag bis Freitag zwischen 9:30–16:30 Uhr und am Samstag zwischen 9:30–12:30 Uhr statt. Bitte unbedingt vorher im Jever Shop anmelden.

Der Jever Shop
c/o Friesisches Brauhaus zu Jever
Elisabethufer 18
26441 Jever
Telefon 0 44 61 / 13-7 11
Telefax 0 44 61 / 13-7 04

Noch einmal fahren wir zu Rainer Duen, bevor es wieder Richtung Hamburg geht. Er will uns zeigen, wie seine vier Nachwuchspferde im Parcours gehen. Zu hohe Maßstäbe sollen wir natürlich noch nicht anlegen, schließlich sei die Ausbildung der Pferde noch nicht abgeschlossen. Nach unseren bisherigen Erfahrungen wird die Show aber trotzdem sehr gute Leistungen zeigen. Und los gehts: Gemächlichen Schrittes bewegen sich die edlen Rösser samt Kutsche durch den Parcour, beschreiben Kurven und zwängen sich elegant durch die engen Hindernisse, die mit Verkehrshütchen begrenzt werden. Berühren verboten! Es sieht schon beeindruckend aus, wie das lange Gespann so sicher durch den Parcours fährt. Rainer Duen erhöht das Tempo. Die Pferde beginnen zu traben. Mit sicherer Hand führt er seine Tiere durch die Hindernisse. Manchmal halten wir den Atem an, so eng fährt er die Kurven und berührt trotzdem keine Begrenzung. Wir sind wirklich tief beeindruckt.

Jetzt im Galopp! Traumwandlerisch sicher, mit kundiger Hand lenkt Rainer Duen das Gespann durch die Enge des Parcours.

Die Schönheit und Eleganz, die Kraft und die Geschicklichkeit des Fahrsports sind uns noch nie bewusst gewesen. Es sind auch diese Eindrücke, die uns auf dem Weg nach Hause begleiten. Es hat Spaß gemacht – im Oldenburger Land! Schade, dass wir nun endgültig wieder in die Benzinkutsche steigen müssen und statt Peitsche bloß noch das Gaspedal haben!

Foto: Ammerland Tourist Information

Eine von vielen schönen Mühlen im Ammerland ist die Windmühle Ekern.

Unsere Kurztipps

»Man reist durch das **Ammerland** wie durch einen großen Park«, ist in einem namhaften Kunstreiseführer zu lesen. Der stete Wechsel von Feldern, Grünland, Waldstreifen, Wäldern, Hoch- und Niedermoor erinnert tatsächlich an eine malerische Parklandschaft – übrigens die größte Europas. Hier kann man seinen Gedanken freien Lauf lassen, die Natur

Foto: Naturpark Wildeshauser Geest

Beliebt bei Jung und Alt ist die Museumseisenbahn Ammerland-Saterland.

hautnah erleben und die frische Luft per Rad genießen. Denn: Kaum eine andere Landschaft eignet sich so gut wie diese zum Radeln. Für die besten Routen und Wege durch die wunderschöne Parklandschaft mit all ihren charakteristischen Landschaftsformen gibt es gute Radwanderkarten. Aber egal, ob man den darin vorgestellten Rundtouren folgt oder das Ammerland auf eigene Faust entdecken möchte, die zahlreichen Rundrouten und ein vernetztes Radwegesystem mit einer Länge von über 700 Kilometern lassen das Ammerland zu einem wahren Paradies für Radfreunde werden.

Wer im Oldenburger Land unterwegs ist, der sollte sich auch einmal den Ammerländer **Vogel- und Landschaftspark Westerstede** ansehen. Auf einer 3,3 Hektar großen Fläche können hier einheimische und exotische Vogelarten aus aller Welt bestaunt werden.

Touristik Westerstede e. V.
Am Markt 2, 26655 Westerstede
Telefon 0 44 88 / 1 94 33
Telefax 0 44 88 / 55 55

Technikfreunde lockt die **Museumseisenbahn Ammerland-Saterland**, die seit 1995 zwischen Westerstede und Ramsloh unterwegs ist. In den Sommermonaten zuckelt der historische Schienenbus mit gemächlichen 40 km/h knapp zwei Stunden von der Ammerländer Parklandschaft durch die Fehnlandschaft Barßels in die kleinste Sprachinsel Europas, das Saterland.

Museumseisenbahn Ammerland-Saterland e. V.
Telefon 0 44 09 / 2 11

Das Ammerland ist nicht nur das Land unzähliger Kirchbauten, sondern vor allem vieler alter Mühlen. Zur ihrer Blütezeit an der Wende zum 20. Jahrhundert prägten noch 47 Wind- und Wassermühlen das Landschaftsbild des Ammerlandes. Doch Industrialisierung und Modernisierung führten auch hier – insbesondere nach 1945 – zu einem dramatischen Mühlensterben. Inzwischen wieder als wertvolle Kulturdenkmäler und Zeugen der Handwerks- und Wirtschaftsgeschichte geschätzt, wurden die verbliebenen

Foto: Naturpark Wildeshauser Geest

„Haus im Moor" in Goldenstedt.

historischen Mühlen restauriert. Da wäre der Gallerieholländer (Baujahr 1814) in Bad Zwischenahn oder der Neubau der Kokerwindmühle in Edewecht. Wer die sehenswerten Mühlen in Augenschein nehmen möchte, folgt einfach der »**Ammerländer Mühlenroute**«. Ein guter Zeitpunkt dafür ist der »Deutsche Mühlentag«. Am 2. Pfingsttag öffnen jedes Jahr alle stolzen Mühlen bundesweit ihre Pforten und gewähren einen Einblick in die alten Techniken des traditionsreichen Berufs.

Foto: Naturpark Wildeshauser Geest

Der Naturpark »Wildeshauser Geest« ist ein Paradies für Radler.

Bad Zwischenahn
Gallerieholländer
Am Hogen Hagen
26160 Bad Zwischenahn
Verein für Heimatpflege
Telefon 0 44 03 / 20 71

Ammerland Tourist Information
Ammerlandallee 12
26655 Westerstede
Telefon 0 44 88 / 56 16 80
Telefax 0 44 88 / 5 64 44
www.ammerland-touristik.de

Für Naturliebhaber – ob Wanderer, Radler oder Kanufahrer – ist der »**Naturpark Wildeshauser Geest**« in jedem Fall eine Reise wert. Bei Wildeshausen schlängelt sich die Hunte durch einen Geestrücken, der im Norden bis an den Jadebusen reicht. Ihm verdankt die Geestlandschaft

Foto: Naturpark Wildeshauser Geest

Einen Ausflug wert ist die Klosterruine Hude im Naturpark Wildeshauser Geest.

ihren einzigartigen Charakter – malerische Flusstäler und leuchtende Seen, majestätische Wälder, blühende Heideflächen und große Moore sind zu jeder Jahreszeit ein Erlebnis. Der »Naturpark Wildeshauser Geest« ist seit Jahrzehnten ein viel und gern besuchtes Wander- und Erholungsgebiet. 1992 wurde er um das Gebiet der Delmenhorster Geest erweitert und noch stärker den naturräumlichen Grenzen angepasst. Seitdem gehört er zu den größten Naturparks Deutschlands.

Eine Tour per Rad, Kutsche oder zu Fuß lohnt sich, denn es gibt nicht nur viele Wasser- und Windmühlen, sondern auch zahlreiche Großstein- und Hügelgräber aus längst vergangenen Zeiten zu entdecken: Eine wahre Fundgrube für Hobbyhistoriker und Archäologen.

Ein historischer Anziehungspunkt für viele Besucher ist auch das Freilichtmuseum und Museumsdorf Cloppenburg im Oldenburger Münsterland. Das 1961 gegründete Museum gilt heute als das älteste Freilichtmuseum Deutschlands. Auf dem etwa 20 Hektar großen weitläufigen Museumsgelände stehen zur Zeit 53 originalgetreu wieder errichtete Bauernhäuser aus dem 16. bis 19. Jahrhundert. Hier kann man nicht nur die drei niedersächsischen Bauernhaustypen (Hallenhaus, Gulfhaus und Gehöft) kennenlernen, sondern auch typische Beispiele alter Handwerksbetriebe wie Drechslerei, Zinngießerei oder Böttcherei neu entdecken. Zusätzlich lädt das Cloppenburger Museumsdorf das ganze Jahr über zu Sonderausstellungen mit verschiedenen kulturhistorischen Themen ein.

Naturpark Wildeshauser Geest
Delmenhorster Straße 6
27793 Wildeshausen
Telefon 0 44 31 / 8 53 51
Telefax 0 44 31 / 8 52 00
www.naturparkwildeshausergeest.de

Museumsdorf Cloppenburg
Niedersächsisches Freilichtmuseum
Postfach 1344, 49661 Cloppenburg
Telefon 0 44 71 / 94 84-0
Telefax 0 44 71 / 94 84-74
www.museumsdorf.de

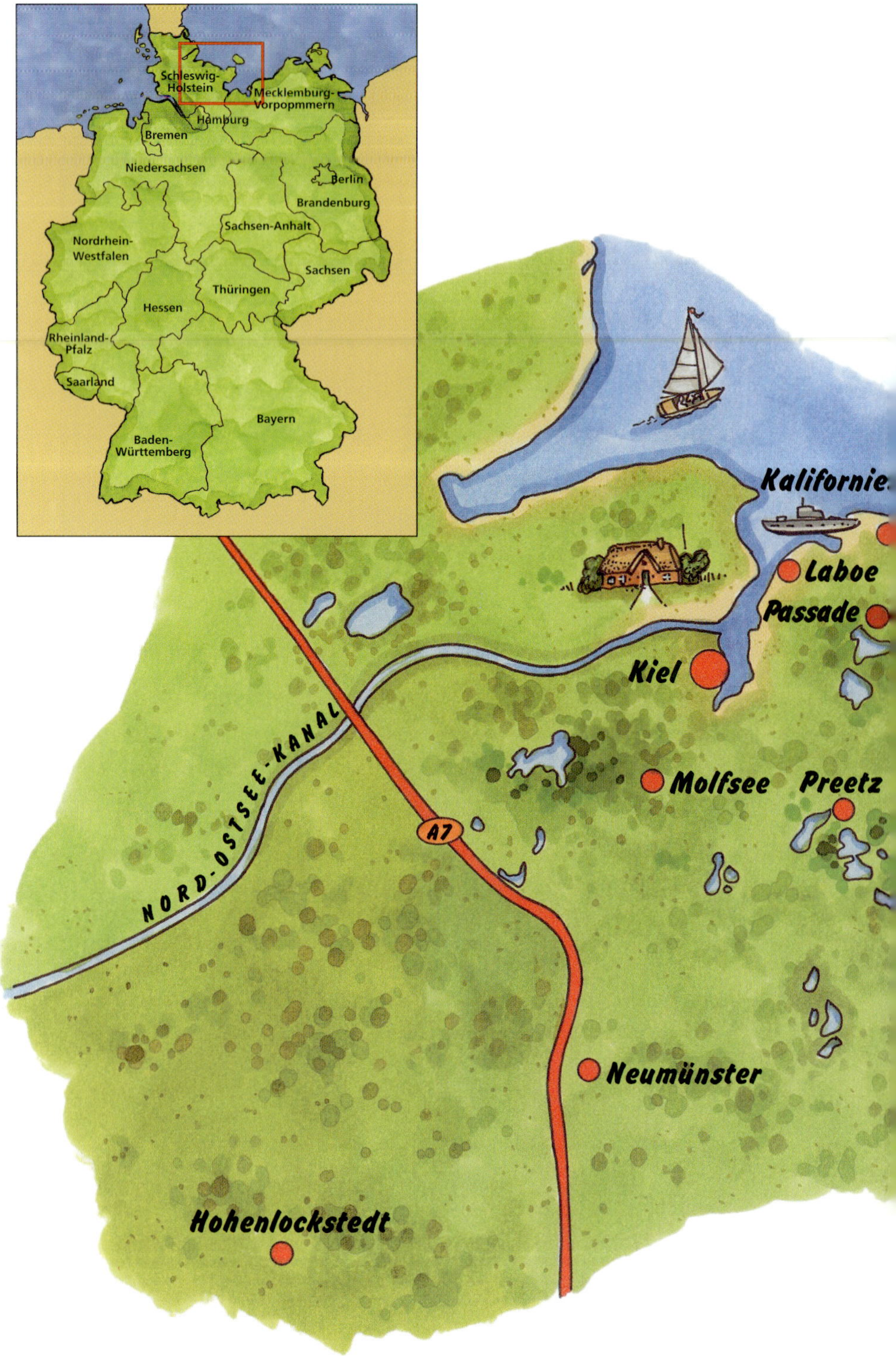

Schleswig-Holstein
Mecklemburg-Vorpopmmern
Hamburg
Bremen
Niedersachsen
Berlin
Brandenburg
Sachsen-Anhalt
Nordrhein-Westfalen
Sachsen
Thüringen
Hessen
Rheinland-Pfalz
Saarland
Bayern
Baden-Württemberg
Kalifornie
Laboe
Passade
Kiel
NORD-OSTSEE-KANAL
Molfsee
Preetz
A7
Neumünster
Hohenlockstedt

Ostholstein

Zwischen Lübeck, Kiel und der Ostsee unterwegs

In paradiesischen Gefilden

Zwischen Lübeck, Kiel und der Ostsee unterwegs

von Ulrich Koglin

Wogende Rapsfelder, sanfte und tiefgrüne Hügel, dahinter erstreckt sich türkisblau die Ostsee – Ostholstein ist postkartenschön, auch wenn die Sonne mal nicht scheint. Ende Mai sind wir für acht Tage im Osten Holsteins unterwegs. Diese Zeit gilt unter den Einheimischen als besonders »wettersicher« und schließlich wollen wir diese Region von der schönsten Seite zeigen. Wir nehmen das Wort »Ost«-Holstein ganz wörtlich, bewegen uns im Dreieck zwischen Lübeck, Kiel und der Ostsee und überschreiten dabei großzügig die alten und neuen Kreisverwaltungsgrenzen.

Mit dem Radlader an den Strand

»So – und jetzt ganz vorsichtig Gas geben …«, der zehn Tonnen schwere Radlader mit 150 PS und einer riesigen Schaufel macht einen Riesensatz nach vorne. Heike, die neben Friedrich von Schönfels zum ersten Mal ein solches Ungetüm lenkt, tritt erschrocken auf die Bremse. Wir sind am Ostseestrand bei Puttgarden und Heike darf den Traum aller kleinen Kinder ausleben: Einmal mit einem richtigen Radlader am Ostseesand buddeln. Für Friedrich von Schönfels ist aus diesem Kindheitstraum ein Beruf geworden. Im Auftrag der Kurverwaltung und einiger Campingplatzbetreiber kehren er und seine Mitarbeiter regelmäßig früh morgens mit großen Maschinen Algenreste und Strandgut zusammen, damit die Badegäste einen wirklich reinen und weißen Sandstrand genießen können.

Unter der Regie des jugendlich wirkenden Friedrich von Schönfels lenkt Heike den wuchtigen Radlader vorsichtig entlang der Wasserkante. Dabei soll sie ständig Kurs halten, die Schaufel immer nachführen, schlaue Fragen stellen und natürlich auch noch ein gutes Bild abgeben. Die drei Kameras sind schließlich immer dabei. Der Teufel steckt im Detail: Ist die Schaufel zu hoch, bleibt der angetrocknete Algenteppich liegen; ist sie nur wenige Zentimeter zu tief, schiebt sie in Windeseile üppige Sandgebirge zusammen. Um so einen Radlader richtig zu lenken, braucht man offensichtlich viel Erfahrung. Doch Friedrich von Schönfels unterrichtet und Heike leert Schaufel um Schaufel in den bereit stehenden Container. Unterwegs an den Traumstränden von Fehmarn. »Hier haben wir mehr Sonnentage als auf dem Festland«, sagt von Schönfels, »außerdem sind die Strände bei Puttgarden schön flach.« Das flache Ufer bringt bei ungünstigen Winden allerdings einen Nachteil mit: Abgelöste Algenteppiche aus anderen Ostseeregionen schwappen träge und grünlich-braun an den Strand.

◀ *Gelb das Land, blau Himmel und viel Waser rundherum – so lieben die Touristen »ihr« Ostholstein.*

Foto: Ingo Wandmacher

Per Radlader werden Algenteppiche eingesammelt, kompostiert und als Dünger eingesetzt.

Doch die stinkenden Algen sind ein einträgliches Geschäft. Zerkleinert, gesiebt und kompostiert werden sie zu wertvollem Dünger. Wir sind eingeladen, uns das auf Schönfels' Bauernhof mal anzusehen. Der seit rund 200 Jahren bestehende Familienbetrieb sieht von vorn geradezu idyllisch aus, doch auf dem Hofplatz rangieren Bagger und Radlader, eine riesige Siebanlage rasselt und überall türmt sich das Material. An Landwirtschaft erinnert hier nur wenig mehr. Dabei gehört der Hof mit seinen 150 Hektar Ackerland und besten Böden zu den Spitzenbetrieben Schleswig-Holsteins. »Meine Eltern waren ziemlich entsetzt, als ich den Hof übernahm und die Kompostberge vor der Tür in die Höhe wuchsen«, erinnert sich von Schönfels. Mittlerweile setzt er mit seinem Betriebszweig Kompostwirtschaft und den 15 Beschäftigten weit mehr um, als mit der parallel laufenden Landwirtschaft. Schönfels ist knapp über dreißig, studierter Landwirt und erfolgreicher Existenzgründer mit Millionenumsätzen. Und hat sich dabei noch den Charme eines Studenten bewahrt. Als wir auf dem Hof ankommen, ist aus dem korrekten »Sie« zwischen ihm und Heike längst ein »Du« geworden. Das mitgebrachte Strandgut kommt gleich in die Siebanlage, die Sand, Algen und sonstige Stoffe voneinander trennt. »Den Sand verkaufen wir zum Wegebau. Die Algen und die kleinen Muscheln,« er zeigt, was nach dem Sieben übrig geblieben ist, »vermengen wir mit dem Grüngut aus der ›normalen‹ Kompostierung. Das ist besonders hochwertiger Dünger, den wir dann in der Land-

Friedrich von Schönfels ist ein engagierter Umweltschützer und ein guter Trainer – jedenfalls hat Heike Götz das Radlader-Fahren recht gut gelernt.

wirtschaft wieder einsetzen können. Früher wurde das alles in großen Mengen einfach auf eine Deponie gekippt.«

Was sich im Prinzip so einfach anhört, hat sich innerhalb von fünf Jahren in Zusammenarbeit mit der Universität Kiel und mehreren Firmen als Modellprojekt entwickelt. Mittlerweile verwertet Schönfels' Firma vom Weihnachtsbaum bis hin zu Gartenabfällen alles Grüngut, das auf der Insel Fehmarn im Laufe eines Jahres anfällt. Und neuerdings kann er auch wieder einer alten Leidenschaft nachgehen: Seit Sohn Heinrich im Krabbelalter ist, kann er, zumindest ab und zu, auch wieder am Strand buddeln gehen – ganz ohne Maschinen.

Umweltdienstleistung v. Schönfels
Friedrich von Schönfels
Westerdor 2
23769 Puttgarden
Telefon 04371 / 87676
Telefax 04371 / 87678
E-Mail schoenfels@t-online.de

Spargelstechers Hochsaison

Stiefmütterchen im März/April, Spargel von Mai bis Juni, Erdbeeren ab Juni/Juli, dann die Himbeeren, das ganze Jahr über Kartoffeln und und und … Auf dem Hof Mougin in Lenste, nahe des Ostseeheilbades Grömitz, findet sich fast alles, was Ostholsteins Äcker zu bieten haben. Wir kommen gerade auf dem Höhepunkt der Spargelsaison an. Bis zum 24. Juni, dem Johannistag, wird traditionell Spargel geerntet. Heinrich Mougin und seine Helfer haben alle Hände voll zu tun, als wir mit dem ganzen NDR-Tross auf dem Spargelfeld eintreffen. Trotz ihres französisch klingenden Namens gehört die Familie Mougin mit einer über 300-jährigen bäuerlichen Tradition sozusagen zum ostholsteinischen Uradel. »Sagen Sie ganz einfach »Mujeng«, so wird der Name hier ausgesprochen«, stellt Heinrich Mougin gleich klar, damit Heike sich nicht die Zunge verbiegt. Und dann gehts los – Spargelstechen für Anfänger. In langen Dämmen, die den Acker überziehen, wächst das Edelgemüse aus der Familie der Liliengewächse hauptsächlich unterirdisch. Vorsichtig lockert Heinrich Mougin mit einer Hand das Erdreich unter einem Spargelkopf, der gerade oben rausguckt. Dann sticht er mit einem Spargelmesser, einem Tapezierspachtel nicht unähnlich, die Stange so tief wie möglich ab. »Nur nicht den eigentlichen Wurzelstock beschädigen, aus dem immer wieder neue Triebe herauswachsen! Darum ist Spargelernte immer noch eine reine Handarbeit – Maschinen haben eben kein Fingerspitzengefühl.«

Und schon ist Heike im Spargelgeschäft. Der Frühling war bislang eher kalt und nass gewesen, sodass sie die zarten und relativ klein gebliebenen Spargelköpfchen regelrecht suchen muss. Heinrich Mougin, seit Jahren

Wiebke und Heinrich Mougin – ihnen ist anzusehen, dass Landarbeit auch Spaß machen kann.

»Spargelstechen für Anfänger«, Lektion 1 – so muss das am Ende aussehen. Heinrich Mougin kann es aus dem Eff-Eff. Heike Götz ist zumindest stolz aufs Dabeisein.

mit den Tücken dieser Witterung vertraut, hat die Spargelwälle mit Folie abgedeckt, um so trotz des Wetters eine passable Qualität ernten zu können. Um vier Uhr morgens beginnt bei den Mougins in der Saison die Ernte, damit die Geschäfte pünktlich beliefert werden können. »Frische«, sagt Heinrich Mougin, »ist bei Spargel entscheidend für den Geschmack.« Er zeigt auf die Schnittkante: »Die Schnittflächen müssen hell sein, nur dann ist Spargel frisch. Importware erkennt man im Laden meistens daran, dass die Köpfe nicht mehr ganz geschlossen, die Schnittkanten angetrocknet oder sogar bräunlich verfärbt sind. Die schmecken dann nur noch halb so gut!« ist er überzeugt. »Spargelstangen bester Qualität müssen beim Aneinanderreiben richtig quietschen! Dann kann man sie, eingeschlagen in ein feuchtes Tuch, sogar ein oder zwei Tage kühl lagern.«

Wenige hundert Meter weiter sind schon die ersten Erdbeeren reif. Zwischen den Reihen hat Heinrich Mougin noch während der Blüte Stroh ausgebracht, damit die Früchte nicht mit dem Ackerboden in Berührung kommen, denn sandige Erdbeeren will später keiner kaufen. Das, was die rund 120 Erntehelfer pflücken, verkaufen die Mougins entweder über den Handel oder selbst auf Wochenmärkten und Verkaufsständen in der Region. Natürlich, erklärt Heinrich Mougin, könne man bei ihm auch zum Selbstpflücken kommen. Doch was früher ein Renner war, wird immer weniger angenommen. »Die Leute sind wohl einfach etwas bequemer geworden« – und kaufen lieber gleich einen Korb frisch gepflückter Erdbeeren.«

Uns erwartet jetzt eine Köstlichkeit: Wiebke Mougin wird ihre legendäre Fächertorte backen, die sie exklusiv für ihr Plantagencafé entwickelt hat. Erdbeeren gehören natürlich dazu und selbst das Waschen ist eine Wissenschaft für sich. »Erdbeeren sollte man niemals unter fließendem Wasser abwaschen, da sie dabei Druckstellen bekommen«, erklärt die erfahrene Tortenbäckerin und zeigt, woran sich frische Erdbeeren erkennen lassen.

»Das Kelchblatt darf nicht schlapp runterhängen, sondern muss schön hellgrün sein und etwas abstehen.«

Wiebke Mougin hat sich in einem alten Stallgebäude eine moderne Koch- und Backstube eingerichtet, in der sie, unterstützt von zwei flinken Helferinnen, alle Torten, Kuchen und sogar Brot für ihr Plantagencafé selbst backen kann. Flink schnippeln Heike und Wiebke Mougin die Erdbeeren der Länge nach in kleine Scheiben. »So können die Erdbeeren besser auf dem Tortenboden liegen«, verrät Wiebke Mougin. Mit solch kleinen Tipps rund um die Erdbeeren ist sie großzügig, geht es aber um die Feinheiten ihrer selbst entwickelten Tortenrezeptur, hält sie sich bedeckt. Das genaue Rezept ihrer Fächertorte ist schließlich ein gut gehütetes Betriebsgeheimnis. Auf einen selbst gebackenen Mürbeteigboden in einer runden Springform kommt das ganze Kilo klein geschnittener Erdbeeren. Heike kann es kaum fassen, als sie die Menge auf dem Boden verteilt – gehen doch die meisten Bäcker mit den leckeren Früchten sehr viel sparsamer um. Vorsichtig streicht Wiebke Mougin die Erdbeerscheibchen glatt – gezuckert werden brauchen die aromatischen Früchte nicht. Schließlich gießt sie ganz langsam ein wenig Guss aus Erdbeersaft und etwas Gelatine darüber. Wenn die Torte dann im Kühlschrank abgekühlt ist, kommt der Clou: Sahne obendrauf und dünne Tortenblätter aus Mürbeteig, die fächerartig ausgerichtet werden.

Während Wiebke Mougin noch etwas Puderzucker auf die Torte stäubt, piept der Backofen. Ganz nebenbei hat sie noch mal eben ein Blech mit Broten gebacken, die gleich in den Hofladen rübergebracht werden sollen. Obwohl die frische Torte lockt, gehen wir hinterher. »Hier verkaufen wir unsere eigenen Produkte, aber bieten auch das an, was Kollegen produzieren: Frisches Gemüse, Schinken, Brot natürlich, Schnäpse, Wein und auch Designer-Geschirr.« Der »Holsteiner Hofladen« ist einladend und sehr gemütlich eingerichtet.

Doch Heike und die Kollegen zieht es zur Erdbeertorte ins Plantagencafé. Zwischen Himbeersträuchern, direkt am Hof gelegen, serviert Wiebke Mougin selbst gebackene Kuchen und Torten, Eis mit frischen Früchten und natürlich Kaffee. »Von Juni bis August, jeweils ab 14.00 Uhr ist das Café geöffnet. »Ab Juli«, erzählt Wiebke Mougin, »können die Gäste gleich ausschwärmen und selbst Himbeeren pflücken, die dann im Hofladen gewogen und abgerechnet werden.«

Am Kaffeetisch, endlich wird auch die leckere Fächertorte angeschnitten, erleben wir Wiebke Mougin zum erstenmal etwas ruhiger. Die aktive Bäuerin, die ganz locker immer mindestens drei Aktivitäten parallel organisiert, erzählt Heike zwischen einem Stück Torte und einer Tasse Kaffee, dass sie natürlich auch noch Ferienwohnungen anbietet, Führungen durch ihren großen Bauerngarten macht und ganz nebenbei auch noch vier Kinder groß gezogen hat. Dass sie nach Feierabend auch Ponys, Pferde und Geflügel versorgt, erwähnt sie erst gar nicht. Dass das alles zusammen vielleicht auch stressig sein könnte, ist der ebenso fröhlichen wie bienenfleißigen Gastgeberin überhaupt nicht anzumerken.

Hof Mougin
Langenredder 66
23743 Grömitz/Lenste
Telefon 0 45 62 / 26 63 72
Telefax 0 45 62 / 36 92
www.hof-mougin.de

Büdeltag und Schinkenhunger

»Kommen Sie so bald wie möglich, am 15. Mai ist Büdeltag!«, bittet Jürgen Braasch, als wir uns für seinen originalen Holsteinischen Katenschinken interessieren. Die Familie Braasch räuchert inzwischen in der fünften Generation Schinken – in einer echten reetgedeckten Kate aus dem Jahre 1663. Bei der Vorbesichtigung hängt die total verräucherte Kate noch voller Schinken »Das sind genau 1400 Stück«, sagt Jürgen Braasch stolz, »die haben hier über drei Monate im kalten Rauch gehangen.« Am besagten »Büdeltag«, wenn der Frühling langsam für steigende Temperaturen sorgt, kommt der Katenschinken in den Büdel, einen Leinenbeutel. »Wenn im Mai der Kuckuck ruft, ist der Schinken reif – das ist in Holstein eine alte Bauernregel!« erzählt Jürgen Braasch. »Wenn der Bauer schon im März den Kuckuck hörte, dann war's meist der Schinkenhunger. Heute haben wir ja genug Fleisch zu essen und hängen erst ab Mitte Mai die Schinken ab.« Dann ist es auch höchste

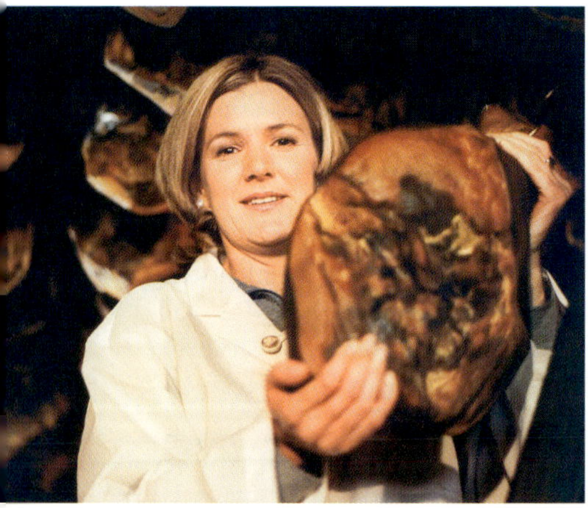

Wenn im Mai der Kuckuck ruft, ist der Schinken reif! Das ist eine alte Holsteiner Bauernregel.

Zeit, denn damals wie heute sind dann bald die ersten Fliegen unterwegs, die bei so alten Katen immer irgendeinen Weg zum Schinken finden. »Heute nehmen wir keine Leinenbeutel mehr, sondern vakuumieren den Schinken in Kunststoffbeuteln – das ist eine praktische Sache und garantiert beste Qualität.« Mindestens drei Monate hängt bei der Familie Braasch ein Schinken in der Räucherkate, wird dabei mehrmals umgehängt, damit der kalte Rauch den Schinken auch wirklich durchdringen kann. Geräuchert wird bei den Braaschs auf die ganz alte handwerkliche Art – und das nur in der kalten Jahreszeit. Seit Jahrhunderten beginnt die Räuchersaison am 15. Oktober, dem Gallustag.

Als wir Ende Mai schließlich mit Heike und den Kameras kommen, hat Jürgen Braasch noch etliche Schinken für uns hängen gelassen – dank des in diesem Jahr relativ kühlen Frühlingswetters ist das kein Problem. Während Heike und Jürgen Braasch hoch oben auf der Leiter die rund zehn Kilo schweren Schinken abhängen, wird das Geheimnis des legendären Geschmacks beim »Holsteiner Katenschinkens« verraten. »Bevor ein Schinken bei uns in den Rauch kommt,« erklärt Jürgen Braasch, »wird er 14 Tage lang mit ganz wenig Salz in Handarbeit gesalzen und in einer Lake eingelegt. Deshalb muss der Holsteiner Katenschinken dann auch länger im Rauch hängen.« Auch heute noch geht Jürgen Braasch mit Salz sparsam um und räuchert mit Buchenholzspänen. Da nur der abgekühlte Rauch in der schornsteinlosen Kate langsam von der Feuerstelle zu den Schinken heraufzieht, spricht man von Kalträucherei. Die Temperatur bleibt dabei unter zwanzig Grad. So ist, zunächst

Das Geheimnis des Holsteiner Katenschinkens? Das Salzen mit der Hand, die Lake und die Buchenholzspäne – so räuchert Jürgen Braasch.

aus der Not geboren und über Jahrhunderte verfeinert, der Holsteiner Katenschinken berühmt geworden: Ein ganz feiner, milder, fast süßlicher Geschmack und eine Festigkeit, die es erlaubt, auch hauchdünne Scheiben abzuschneiden.

»Was Sie heute allerdings im Supermarkt als »Holsteiner Katenschinken« kaufen können, ist bestenfalls mal an einer Kate vorbeigefahren«, warnt Jügen Braasch, »der Begriff ist leider nicht geschützt.« Denn unter der Bezeichnung werden auch im Schnellpökelverfahren hergestellte Schinken angeboten, die zudem oft heiß geräuchert werden. Das Ergebnis hat dann mit dem ursprünglichen Katenschinken aus handwerklicher Herstellung nichts zu tun. Eine gewisse Hilfestellung bietet beim Einkauf allenfalls das Zeichen »Hergestellt und geprüft in Schleswig-Holstein«, das von der Landwirtschaftskammer verliehen wird. Solche Schinken dürfen dann nur eine ganz bestimmte Menge Salz enthalten und der Wassergehalt ist genau reglementiert.

Die Familie Braasch ist seit Generationen im Räuchergeschäft: »Jacob Braasch, 6. Juni 1663« steht in verwitterter Schrift über dem Türbogen der alten Kate. Richtigen Aufschwung nahm das Familienunternehmen, als Peter Christian Braasch im 19. Jahrhundert ein Kolonialwarengeschäft eröffnete. Die meisten der Kunden waren damals Bauern und Landarbeiter, die kaum Bargeld hatten und deshalb oft mit frischen Schinken bezahlten, die Braasch dann in den Rauch hängte und später in die großen Städte lieferte. Heute ist aus dem einstigen Kolonialwarengeschäft, direkt neben der Räucherkate, fast ein reiner Schinken- und Wurstladen geworden. Jürgen Braasch löst mit geübten Griffen den Knochen aus und zerschneidet den Schinken in vier Teile, das Eisbein, die Blume, die Kappe und die Pape. «Die Pape ist das beste Stück. Daraus kann man die größten Scheiben schneiden. Der Name kommt übrigens aus dem Plattdeutschen – der Pape, das ist der Pastor. Wenn der beim Bauern zu Besuch war, bekam er was vom besten Schinkenstück, eben der Pape.« Heike hat Glück – heute dürfen auch Fernsehmoderatorinnen bei Jürgen Braasch Schinken aus der Pape probieren, natürlich mit dem feinen Fettrand, der den Geschmack abrundet. Schneeweiß und rosenrot soll der Schinken aussehen und mit seiner feinen Milde die Geschmacksnerven vibrieren lassen. Und wer nicht gleich einen ganzen Schinken, der rund 80 Euro kosten kann, kaufen will, für den gibts bei Jürgen Braasch auch kleine Portionspackungen, in Folie unter Vakuum verpackt. »Am besten sind die Scheiben, wenn sie so dünn wie möglich geschnitten sind«, gibt uns Jürgen Braasch noch mit auf den Weg. Dazu ein gutes Schwarzbrot und ein schönes kühles Bier oder frischen Spargel mit jungen Kartoffeln – da behaupte noch jemand, der Norden hätte keine Esskultur.

Braasch GmbH
Schinkenräucherei
Hauptstraße 25
23738 Harmsdorf
Telefon 0 43 63 / 16 12
Telefax 0 43 63 / 22 17
Öffnungszeiten:
Mo–Fr von 8.00–18.00 Uhr,
Sa von 8.00–12.00 Uhr.
E-Mail info@schinken-braasch.de
www.schinken-braasch.de
Schinken-Braasch liegt direkt an der Hauptstraße in Harmsdorf, zwischen Lensahn und Lütjenburg. Aus südlicher Richtung kommend erreicht man die Kate am besten über die A 1, Ausfahrt Lensahn. Man fährt durch Lensahn, der Ausschilderung Richtung Kiel folgend. In Harmsdorf, wenige Kilometer hinter Lensahn liegend, finden sich Räucherkate und Schinkengeschäft gleich auf der linken Straßenseite.

Weitere Infos über den »Holsteiner Katenschinken« und Bezugsquellen gibt es bei der Landwirtschaftskammer Schleswig-Holstein, Holstenstr. 106–108 in Kiel, Telefon 04 31 / 97 97-0, oder im Internet unter www.lwk-sh.de, E-Mail sweimann@lksh.de

»Die Norddeutschen lieben das Grobe!«

Wir sind nicht mehr in Ostholstein, sondern im Osten Holsteins in der Probstei, und die liegt im Landkreis Plön. Aber zum Holsteiner Katenschinken soll es das »Passader Roggenschrotbrot« geben, das sich in den letzten Jahren zu einer wirklichen regionalen Spezialität entwickelt hat. »Bestes Brot vom eigenen Hof«, so lautet das Motto des Unternehmens der Familie Göttsch.

Auf dem Weg zum Betrieb, auf idyllischen Feldwegen entlang des Passader Sees, treffen wir Gerd Göttsch auf seinem Acker, wie er mit einer Schere einzelne Getreidehalme abschneidet. »Ich schneide überständiges Beikraut raus und vor allen Dingen Getreidehalme, die in dieses Weizenfeld nicht hineingehören, zum Beispiel dieser Roggen hier«, erklärt er Heike, die es gar nicht fassen kann, dass ein Bauer auch mal mit einer schnöden Küchenschere arbeitet. »Sortenfremde Getreidekörner können schon mal durch Vögel eingetragen werden oder beim Aussäen geraten ein paar Roggenkörner in den Weizen.« Wenn es um Brotgetreide geht, müssen die Ackerbauern besonders sorgfältig arbeiten. Ob sie nun konventionell oder biologisch wirtschaften, die Mühlen akzeptieren nur einen ganz geringen Anteil sortenfremder Getreidekörner beim angelieferten Getreide.

Gerd Göttsch arbeitet besonders sorgfältig, denn er verzichtet seit rund dreißig Jahren auf künstlichen Mineraldünger und chemische Pflanzenbehandlungsmittel, wirtschaftet nach den strengen Richtlinien des Ökoverbandes Bioland. Das bedeutet in der Praxis mehr Arbeit: Statt einfach in den Düngersack zu greifen, muss

Heike Götz und Gerd Göttsch im Feld – hier geht der Ökolandwirt auch mal mit der Schere durch!

Gerd Göttsch Zwischenfrüchte wie Klee oder Luzerne anbauen, um eine gute Nährstoffversorgung des Bodens zu gewährleisten und einen hohen Humusgehalt zu erzielen. Während Gerd Göttsch referiert, pflückt Heike Kornblumen und wilden Mohn. Schnell hat sie einen schönen Strauß mit blauen und roten Blüten zusammen. »Bei uns ist das so,« erklärt Gerd Göttsch, »dass wir die Unkräuter, die hier sind, einfach wachsen lassen. Die reifen zur gleichen Zeit ab wie das Getreide und behindern uns überhaupt nicht bei der Ernte.« Allerdings bringt ein solchermaßen ökologisch bewirtschafteter Acker auch weniger Ertrag. Nur dank höherer Preise fürs Ökogetreide kommen die Biobauern auf ihre Kosten. Die Familie Göttsch allerdings hat ein ganz eigenes Vermarktungskonzept entwickelt: Während Gerd Göttsch für den Getreideanbau zuständig ist, kümmert sich seine Frau zu Hause um die Backstube. Die gesamte Ernte des 76 Hektar großen Ackerbaubetriebs verarbeitet Susan Göttsch zu Brot, zu Bio-Brot.

Um sechs Uhr morgens sind wir in der Backstube verabredet. Susan Göttsch wirbelt schon fröhlich in ihrer Backstube und hat für unseren Dreh alles vorbereitet. Aus dem einstmals bäuerlichen Nebenerwerb ist im Laufe der Jahre ein hochprofessioneller Betrieb mit einem Dutzend Mitarbeiter geworden. Hinter hochmodernen Getreidemühlen, die das Getreide staubfrei und vollautomatisch zu Mehl vermahlen, steht eine altertümliche Osttiroler Steinmühle. »Mit dieser Mühle wird der Roggen für das Schwarzbrot gerade so angeschliffen, dass wir ihn anschließend in der Backstube einweichen können.« Tatsächlich sind die Roggenkörner ganz grob geschrotet – ein Effekt der Steinmühle und eines der Geheimnisse des »Passader Roggenschrotbrotes«. Susan Göttsch klärt auf: »Sie wissen ja, die Norddeutschen lieben das grobe, herz-

»Bestes Brot vom eigenen Hof!« Susan Göttsch und das »grobe Norddeutsche«.

hafte Sauerteigbrot!« Eine Liebe, die sich Susan Göttsch erst spät erschloss, wuchs sie doch in den USA auf – dem Land der fluffigen Weißbrote. »Als ich zum ersten Mal das norddeutsche Schwarzbrot kennen lernte, war ich für alle Zeiten geprägt. Das ist das beste, was es auf der Welt gibt!«

Mit geübten Handgriffen gibt Susan Göttsch den durchgekneteten und automatisch abgewogenen Teig in Kastenformen. Heike darf zum Schluss die so genannten Saaten, also Sesamkörner, Roggenflocken, Sonnenblumenkerne darüberstreuen.

Die meisten Brote sind längst im Ofen, sollen in wenigen Minuten schon frisch ausgeliefert werden. Rund 1200 Schwarzbrote gehen täglich von der Hofbäckerei an die drei Verkaufsstellen in Kiel und Preetz und auf viele Wochenmärkte zwischen Eutin und Rendsburg. Obwohl wir mit unseren Kameras den Betrieb schon ein wenig durcheinander bringen, läuft das Geschäft weiter. »Die Backzeit ist je nach Erntejahr unterschiedlich lang, so zwischen 90 und 120 Minuten. Getreide ist eben ein Naturprodukt.«, erläutert Susan Göttsch, während sie mit Heike zusammen die Schwarzbrote aus dem Ofen holt. Es duftet herrlich lecker und alle im Team können die »Liebe zum groben Norddeutschen« sofort nachvollziehen.

In den letzten Jahren sind immer mehr Menschen auf den Geschmack gekommen. Inzwischen reicht die eigene Ernte nicht mehr aus, um die boomende Bäckerei zu versorgen. Susan Göttsch ist froh, dass sie von anderen Bioland-Betrieben aus der Nachbarschaft Getreide kaufen kann. »So sind wir vom Auf und Ab des Getreidemarktes unabhängiger und unsere Nachbarn freuen sich.«

Backstube und Laden liegen in Passade direkt nebeneinander. »Wir nehmen das mit der ›gläsernen Produktion‹ ganz wörtlich und jeden letzten Sonnabend im Monat bieten wir allen Interessierten sogar eine Besichtigung an.« Neben dem Roggenschrotbrot gibts im Passader Backhaus noch ein Dutzend weiterer Sorten. »Wir konzentrieren uns auf das, was wir am besten können«, meint Susan Göttsch fast bedauernd, denn konventionelle Bäckereien haben meist ein weit größeres Sortiment. »Unser Roggenschrotbrot verkauft sich übrigens am besten« – das können wir bestätigen: frisch, mit noch warmer Kruste, ist das Brot wirklich ein Genuss!

Passader Backhaus
Bioland-Hof Göttsch
Dörpstraat 11
24253 Passade
Telefon 0 43 44 / 46 52
Öffnungszeiten:
Bäckerei und Hofladen Passade
Mo–Fr 6.00–18.00 Uhr,
Sa 6.00–13.00 Uhr
Jeden letzten Sonnabend im Monat ab 10.00 Uhr Führung durch die Bäckerei.

»Fünf-Seen-Käse«

»Die Laibe müssen alle fünfzehn Minuten gedreht werden – von Hand«. Käsemeister Martin Schmid greift mit geübten Handgriffen nach einem der in Edelstahlformen liegenden Käselaibe und dreht ihn um. Dass so ein Teil gut zehn Kilo wiegt, ist dabei nicht zu merken. Und das Ganze mal 50! So viele Laibe warten auf Rollwagen darauf, gewendet zu werden. Ein Job für Männer mit Muskeln.

Schon um vier Uhr morgens beginnt auf Gut Behl die tägliche Produktion – im Kuhstall. Dann nämlich ist auf dem über 850 Jahre alten Gut Behl, auf dem halben Wege zwischen Plön und Eutin gelegen, die erste Melkzeit. Die frisch gemolkene Milch geht ohne Umwege direkt in die gutseigene Käserei. Kein Transport, keine Vermischung, Entrahmung oder Pasteurisierung – das sind gute Voraussetzungen für einen Rohmilchkäse mit einem ganz besonderen Geschmack. Eine Produktion ohne Zeitverlust: Gleich nach dem Melken beginnt die Käseproduktion. In großen Bottichen sorgen Milchsäurebakterien oder Lab dafür, dass sich auf der frischen Milch eine glatte Masse bildet. Darunter setzt sich die Molke ab. Die feste Schicht, die dabei entsteht, wird mit einem speziellen Quirl zum so genannten »Käsebruch« zerkleinert.

Als wir drehen, ist dieser Käsebruch schon in große Formen aus Edelstahl abgefüllt, in denen sich der Käse entwickeln kann. Wir haben alle Hygiene-Kittel angezogen, denn peinliche Sauberkeit ist bei der Verarbeitung von Rohmilch eine Grundbedingung. Gut Behl, erzählt Martin Schmid, gelte als älteste Käserei Schleswig-Holsteins: »Seit 1578 ist die Käseherstellung hier nachgewiesen. In alten Papieren kann man lesen, dass hier schon damals zentnerweise Käse verkauft worden ist, sogar bis Frankfurt am Main.« Auf Gut Behl sind die Bedingungen für die Milchkuhhaltung bis heute ideal geblieben. »Fünf-Seen-Käse« heißt der bekannteste Käse aus Behl, seit Anfang der 90er Jahre wird hier produziert.

Inzwischen ist Heike, und mit ihr das ganze Team, ins Schwitzen gekommen. Es ist nicht die Anstrengung allein, im Käseraum herrschen Temperaturen um die 30 Grad Celsius. »Käse ist ein Sauermilchprodukt«, erklärt Martin Schmid, »und die Milchsäurebakterien lieben es warm. Sie sollen schließlich Säure bilden und ordentlich Gase – wegen der schönen Löcher.«

Im ersten Kühlraum nebenan kommen schon die ersten Käselaibe, in denen die aktiven Bakterien ihre Arbeit bereits weitgehend vollendet haben, ins kalte Wasserbad. Nicht per Hand, sondern per Knopfdruck lässt Heike die große Käsepalette langsam ins Wasser gleiten. »Nicht zu schnell«, warnt Martin Schmid, sonst gibts hier gleich 'ne Riesenflutwelle.« Aber er hat das Wasser genau abgemessen, die Kameras bleiben trocken. »Nach einer Stunde ist der

Der prüfende Blick von Käsemeister Martin Schmid ist nicht unbegründet – die Arbeit mit Käse verlangt richtige Muskelkraft.

Käse abgekühlt«, erklärt der Käsemeister, »dann kommt er für 48 Stunden in eine Salzlake. Das ist wichtig zur Konservierung und Rindenbildung«.

Der gute Geschmack braucht dann etwas mehr Zeit. Wochen- oder auch monatelang lagert der Käse im Keller bei 13 Grad und reift langsam. Der gute Geschmack kommt allerdings nicht von allein. »Wir haben eigens einen Mitarbeiter«, erklärt Martin Schmid, »der jeden Tag den Käse ›pflegen‹ muss.« Jeder Käse, und davon lagern hier zur Zeit gut 2.500 Käselaibe, muss zweimal die Woche mit Salzwasser abgewaschen und auch gewendet werden. Vom sahnig-milden »Alt-Behler Gouda« bis hin zum pikanten »Behler Tilsiter« gehören mittlerweile ein halbes Dutzend verschiedener Rohmilchkäsespezialitäten zum Sortiment. Einen Teil davon verkaufen die Behler in ihrem Hofladen, doch neuerdings führen immer mehr Fachgeschäfte und auch Verbrauchermärkte die Käsedelikatessen aus der Holsteinischen Schweiz. Besonders beliebt ist vor allem der »Fünf-Seen-Käse«, benannt nach der »Fünf-Seen-Fahrt«, die direkt am Gut vorbeiführt. Von den Schiffen der »Weißen Flotte« lässt sich die Vielfalt der ineinander spielenden Wasserflächen der Holsteinischen Schweiz am eindrucksvollsten erleben. Gut Behl ist inzwischen auch eine der Stationen der so genannten »Käsestraße Schleswig-Holstein«, zu der sich, nach dem Vorbild der berühmten »Weinstraße«, gut zwei Dutzend Käsereien des Landes zusammengeschlossen haben.

Während Heike im Reiferaum noch die verschiedenen Käsesorten probieren darf, betritt im Hintergrund ein weißhaariger älterer Herr leise den Raum. »Das ist übrigens mein Chef, Herr Jebens,« stellt Martin Schmid vor. Für Klaus Jebens scheint Bescheidenheit ein Lebensprinzip zu sein, viel lieber stellt er seine Arbeit in den Vordergrund. Gut Behl ist für den passionierten Kaufmann und Erfinder seit 1975 Hobby und erfolgreiches Wirtschaftunternehmen zugleich. Mit ihm sind wir zur Betriebsführung verabredet. Vor dem Hofladen steht ein knallroter Lieferwagen, Baujahr 1938: der letzte 3-Tonner Opel-Blitz, den es noch gibt. Klaus Jebens lädt Heike zur Rundtour ein. Während der Fahrt vorbei an den großen Ställen zeigt er auf einige Scheunen: »Da drin haben wir mittlerweile schon fast ein Technikmuseum zusammen. Dampflokomobile, alte Trecker – und natürlich ist alles fahrbereit. Aber jetzt muss ich erstmal volltanken.« Doch keine Tankstelle weit und breit, nur ein üppiger Misthaufen. »Das ist mein Treibstoff,« schmunzelt der Herrenfahrer, öffnet eine Tonne auf der Ladefläche des Lieferwagens und füllt sie mit Briketts aus getrocknetem Mist, schließlich besitzt der gute Opel einen Holzvergaser. Glücklicher Herr Jebens, »denn wenn der Liter mehr als 70 Cent kostet, rechnet sich das,« sagt er schmunzelnd. »Wir entwickeln gerade einen Wirbelstromgenerator, dann braucht man den Mist nicht mal mehr brikettieren.« Doch die Entwicklungskosten sind hoch und noch fehlt ein hübsches Sümmchen für die Vollendung.

Aber alle im Team sind sich sicher, dass Klaus Jebens auch damit Erfolg haben wird, denn ein paar Meter weiter beweist er seit Jahren, wie man selbst mit Mist noch Geld verdienen kann. Kompostiert, getrocknet – so füllt ein Mitarbeiter den Kuhmist in Säcke ab. Heike riecht an dem krümeligen Substrat. »Das ist ja ...«, sie überlegt einen Moment, »das duftet ja fast wie Waldboden!« Jebens nickt zustimmend. »Das ist reine Natur! Die Anlage habe ich selbst entwickelt, bei unseren 500 Milchkühen kommt ja so einiges zusammen. Und so können wir den Mist als idealen Gartendünger verkaufen.«

Inzwischen ist es Nachmittag geworden. Für die Kühe beginnt die zweite Melkzeit. Stolz zeigt uns Klaus Jebens die Melkanlage: »Bei uns dürfen die Kühe Karussel fahren!« Ruhig gehen die Kühe nacheinander auf das sich langsam im Kreis drehende Melkkarussel. Die beiden Melker stehen im Inneren des Kreisels, setzen in aller Ruhe die Melkgeschirre an – da sie einen halben Meter tiefer stehen als die Kühe, müssen sich die Melker nicht mal bücken. »Während die Kuh auf dem Karussel ihre Runde dreht, wird sie leer gemolken. So können zwei Mitarbeiter innerhalb kurzer Zeit die ganze Herde allein melken.« Klaus Jebens ist sichtlich stolz auf seinen Betrieb, der als einer der modernsten in Schleswig-Holstein gilt. Natürlich ist die Anlage technisch ausgefeilt: Die Melk-

Dieser Opel Blitz ist der letzte seines Schlages – entsprechend stolz ist sein Besitzer, Klaus Jebens.

geschirre reinigen sich automatisch und ohne Chemie. Die Energie dafür stammt aus der Abwärme der Kuhmilch. Durch ein Schaufenster können sich Besucher das Ganze ansehen, ohne durch den Stall laufen zu müssen – und die Besucher kommen in Scharen.

Gut Behl
Gutskäserei Behl
24329 Grebin
Telefon 0 45 22 / 74 94 90
E-Mail info@gutskäse-behl.de
www.gutskaeserei-behl.de

Öffnungszeiten Hofladen
Mi–Fr 8.00–15.00 Uhr,
Sa 8.00–15.00 Uhr (Mai bis September).
Nach Absprache gibt es für Gruppen ab 25 Personen ausführliche Hofführungen.
Käse vom Gut Behl gibt es in Norddeutschland u. a. bei Famila, Sky, EDEKA, City sowie in NRW und Rheinland-Pfalz bei Globus.

Käsestraße Schleswig-Holstein e.V.
c/o meierhof
Detlef Möllgaard
Dresdener Str. 17
25551 Hohenlockstedt
Telefon 0 48 26 / 29 33
Telefax 0 48 26 / 85 82 36
www.kaesestrasse-sh.de

Bitte ausschwärmen!

Ein Landstrich, in dem Milch und Honig fließen – Ostholstein ist für mich so ein Land: Die weite Ostsee, sanfte Hügel mit saftigen Weiden, fruchtbare Felder und dazwischen – wie blaue Kleckse – idyllische Seen. Wenn dann noch die Sonne scheint, ist jeder Tag wie Urlaub, auch wenn wir eigentlich auf »Landpartie«, also beruflich im Norden unterwegs sind. Doch leider gibt es keine Sonnengarantie und so ist Imker Günther Kahl froh, dass wir ihn erst am vorletzten Drehtag besuchen. So konnten seine Bienenvölker noch etwas länger ausschwärmen, um Honig zu sammeln. Heike braucht auch keine Angst vor den Bienen zu haben. »Die fangen erst so ab 12 Grad an, aktiv zu werden«, beruhigt Günther Kahl sie gleich zu Beginn. Trotzdem trägt auch er einen Overall. »Damit die nicht irgendwo in den Ärmel reinfliegen«, meint er. Aber einen Hut mit Gaze davor, wie er ihn Heike empfiehlt, will er nicht aufsetzen. Obwohl er zugibt, dass er »so fuffzig bis hundert Mal im Jahr« gestochen wird. Und schon wirds ernst, die Kameras laufen und Günther Kahl hebt die Abdeckung des Bienenstocks. Seine acht Bienenvölker leben Seite an Seite in übereinander gestapelten Containern aus Styropor. »Das sieht zwar nicht mehr so romantisch aus, wie die alten Bienenstöcke aus Korbgeflecht, ist aber praktisch. So kann ich einfach aufstocken, wenn ein Volk wächst.« Rund fünfzigtausend Bienen leben jeweils als ein Volk zusammen, alle stammen von einer Königin ab. Der Deckel wird also gelüftet, das Summen wird lauter und bis auf »Ekke«, unseren Kameramann, der direkt vor dem Bienenstock steht, weichen alle zurück. Ungerührt hebt Günther Kahl den Deckel ganz hoch, aber seine Bienen bleiben friedlich, obwohl »Ecke« nun direkt von oben in den so genannten Honigraum der Bienen filmt. In hölzernen Rahmen stehen zehn Waben darin senkrecht nebeneinander. »Ich habe heute morgen, bevor Sie kamen, für die Bienen den Zugang zum Honigraum, die so genannte Bienenflucht, dicht gemacht. Sonst wären hier jetzt viel mehr Bienen unterwegs«, erläutert Günther Kahl die Lage. Mit einer speziellen Zange zieht er im Wechsel die Waben heraus, streicht mit einer Gänsefeder vorsichtig noch einige Bienen ab und bringt die mit Honig gefüllten Waben in den Schleuder-

Günther Kahl, die gut behütete Heike Götz und eine Wabe. Gestochen wurde übrigens niemand.

raum. Endlich kann »Ekke« die Kamera absetzen, die Gefahrenzone verlassen und zufrieden einen letzten, tiefen Zug aus seiner Kippe nehmen: »Rauchen im Dienst kann auch mal gesundheitsfördernd sein!«

In dem pieksauberen Raum darf Heike die Waben erstmal »entdeckeln«, wie Herr Kahl es nennt. »Die Bienen haben die Waben mit einer dünnen Wachsschicht verschlossen. Die muss runter, sonst kriegen wir den Honig nicht raus.« Also runter damit! In kleinen Tröpfchen quillt der Honig jetzt hervor. Mit viel Fingerspitzengefühl schaben die beiden nacheinander vier der Holzrahmen mit den Wabenzellen darin ab. Dann stellt Herr Kahl sie senkrecht in eine Honigschleuder. Durch die Fliehkraft wird der Honig herausgeschleudert, rinnt am Inneren der Außenwand herunter und läuft durch einen kleinen Ablauf am Boden in ein feines Sieb und schließlich in ein Eimerchen. »Das ist die erste ›Tracht‹ in diesem Jahr«, erläutert Herr Kahl nicht ohne Stolz. »Der Honig wird jetzt nur noch mit feinen Sieben gefiltert und kommt dann als reines Naturprodukt unvermischt ins Glas.« Die vier Waben reichen gerade für ein bis zwei Gläser – bei nur zwei »Trachten« im Jahr wird schnell klar, Imkerei ist offensichtlich ein

Hier wird die Wachsschicht von der Bienenwabe entfernt.

ziemlich mühseliges Hobby. Geld damit zu verdienen, das allerdings hat Günther Kahl auch nie vor gehabt.

Günther Kahl
Dorfstr. 9
23715 Bosau
Telefon 0 45 27 / 6 90

Imkerverband SH mit Verkaufsstellen
Produktinfo Honig:
www.hobbbythek.de/archiv/266

Schiff ahoi!

Jeden Morgen in aller Frühe aufstehen, spätabends wieder zurück, zwischendurch immer viel zu tun und Hunderte von Kilometern fahren – nüchtern betrachtet könnte unsere »Landpartie – Im Norden unterwegs« der reinste Stress sein – wenn die Sendung uns nicht so viel Spaß machen würde. Zumindest nach Feierabend aber sollen sich alle im Team entspannen können, um am nächsten Morgen wieder topfit

Das Hotel »Genueser Schiff« – ein gemütliches Zuhause auf Zeit!

zu sein. Unterwegs im Osten Holsteins haben wir Glück – zumindest für einige Tage können wir uns in einem kleinen Paradies einmieten, direkt am Ostseestrand und trotzdem für unsere Drehorte relativ zentral gelegen. Die Bezeichnung »Ausschlafhotel« klingt natürlich für die Teamkollegen wie der blanke Hohn, dafür erleben wir aber wunderbare Frühlingsabende direkt an der Ostsee. Das reetgedeckte Hotel »Genueser Schiff« ist für ein paar Tage ein wirkliches zweites Zuhause. Obwohl die Saison gerade während unserer Drehzeit beginnt, gibt uns Phillip Brandt, der Chef des Hauses, das Gefühl, Familiengäste zu sein.

Das Hotel schmiegt sich zwischen Deich und Strand in die Landschaft, als hätte es schon immer dort gestanden. Die Zimmer sind unterschiedlich und geschmackvoll eingerichtet, von fast allen kann man direkt auf die Ostsee gucken. Phillip Brandts Mutter hat das Hotel nach dem Zweiten Weltkrieg aufgebaut – der damals verwaiste Flak-Beobachtungsstand ist mittlerweile einer der gastlichsten Orte an der Hohwachter Bucht. Für den Namen des Hotels stand Friedrich Nietzsche Pate:

»Dorthin – will ich: und ich traue
mir fortan und meinem Griff.
Offen liegt das Meer, ins Blaue
Treibt mein Genueser Schiff.«

Phillip Brandt, hier geboren und aufgewachsen, lernte in der Schweiz Gastronomie. Von dort hat er auch den Ehrgeiz mitgebracht, mit seiner Küche in den oberen Kategorien der Hotel- und Restaurantführer Erwähnung zu finden. Das ist auch der eigentliche Grund für unsere Einquartierung, denn hier kommt der Fisch auf der Speisekarte nicht frisch

Rainer Freund bereitet exklusiv für die Landpartie leckere Meeräschen zu – vom NDR-Team selber gefangen und von Heike Götz tatkräftig unterstützt.

aus dem Froster, sondern direkt aus den Stellnetzen, die wir von der Hotelterrasse aus in der Ostsee sehen können.

In gut zwei Kilometern Entfernung, immer an der Küste lang, liegt der kleine Fischerhafen Lippe – auf einer schmalen Landzunge zwischen einem Binnensee und der Ostsee. Wir sind mit Fischer Günter Paetsch verabredet. Obwohl er schon im Rentenalter ist, geht er aus alter Gewohnheit mit seinem Kutter regelmäßig auf Fangfahrt. In dem kleinen Fischerhafen bieten einige Fischer ihren Fang frisch oder frisch geräuchert an. Als wir allerdings zum verabredeten Termin eintreffen, pfeift uns heftiger Wind um die Ohren. Selbst im geschützten Hafenbecken schlagen die Wellen hart an die fest vertäuten Boote und die Wellen auf der Ostsee tragen Schaumkronen. »Fischen is heut' nicht«, grummelt Günter Paetsch und lädt uns stattdessen in seine kleine gemütliche Fischerbude ein. Immerhin – der kleine gußeiserne Ofen verbreitet ewas Wärme.

Drei Tage später sind wir wieder da. Strahlender Sonnenschein, eine etwas weniger steife Brise, das sind Voraussetzungen für einen guten Fang. Neben Dorschen und Ostseeschollen landen auch einige Meeräschen im Netz. Zusammen mit Rainer Freund, der im »Genueser Schiff« die Küche führt, bereitet Heike den seltenen Fisch zu. Der Koch filetiert fachmännisch, Heike schneidet den gekochten Spargel in streichholzlange Stücke für den Beilagensalat. »Die Haut der Filets ganz leicht kreuzförmig einschneiden, damit sich der Fisch beim Braten nicht verbiegt. Und natürlich nur ganz kurz braten, damit das Filet seinen feinen Geschmack nicht verliert!« Solche Geheimnisse erfährt man eben nur direkt in der Küche.

Wir kosten die Meeräsche nicht im Restaurant, sondern im Strandkorbcafé, direkt vor dem Hotel. Vor uns die Ostsee, dahinter das »Genueser

Schiff« und drumherum Natur pur – zünftiger kann man frischen Fisch kaum genießen. Ob ein komplettes Menü oder nur mal ein zünftiges Bier – das Strandkorbcafé in Hohwacht genießt nicht nur bei den Hotelgästen einen legendären Ruf.

Hotel Genueser Schiff
Seestraße 18
24321 Hohwacht
Telefon 0 43 81 / 75 33
Telefax 0 43 81 / 58 02
E-Mail genueser.schiff@t-online.de
www.genueser-schiff.de

»Iah«, schreit das Kind und gewinnt!

Keine zwanzig Kilometer entfernt von Hohwacht, zwischen Oldenburg und Lütjenburg, liegt der Eselpark Nessendorf, der einzige in Deutschland. Überall in der Region finden sich Plakate und Werbetafeln, auf denen die liebenswerten Grautiere um Besuch bitten. Schon auf dem Weg dorthin kommen uns auf den letzten Kilometern Eselkutschen entgegen, gelenkt von stolzen Familienvätern. Leider ist der Himmel mal wieder grau und es ist relativ kühl. Auf dem Parkplatz vor dem Eselpark ist noch wenig los, obwohl am Nachmittag, wie an jedem Sonnabend um 15.00 Uhr, die überaus wichtigen Ausscheidungen zu den Deutschen Junioren-Meisterschaften im Iah-Rufen stattfinden sollen.

»Mich kann man mieten«!

Im Stall treffen wir Eckart August, der seine Esel mit Heu versorgt. Esel statt Pferde, das ist für die »Landpartie« eine Premiere. Die Augusts begannen vor 28 Jahren mit Eseln, weil die damals kleine Tochter reiten wollte. Doch: »Ein Pferd war mir zu groß, ein Pony für die Kleine zu schnell«, da blieb eigentlich nur noch der Esel übrig. In Kiel wurde ein Züchter besucht, die Eselstute »Elfriede« besichtigt und gekauft. Die Kinder fandens klasse, Frau August hingegen war weniger erfreut. Trotzdem kam für den Sohn noch ein zweiter Esel hinzu. »Ein bildhübsches Tier«, erinnert sich Eckart August, »der hat uns sofort gefallen.« Leider war der Gute reichlich bissig, außerdem trank er nur Bier, weil er mal als Maskottchen in einer Kneipe gearbeitet hat. »Zum Glück hat sich ein befreundeter Züchter in den armen Esel verguckt und ihn gegen zwei andere eingetauscht.« Aus dieser kleinen Gruppe hat sich dann im Laufe der Zeit der Eselpark entwickelt, nachdem ein Jahr später noch der Deckhengst Balthasar hinzukam.

Im Stall stehen jetzt nur die Mutterstuten mit ihren Fohlen, alle anderen sind auf den Weiden oder vor den Kutschen unterwegs. Gut 140 Esel leben im Eselpark, vom »Katalanischen Riesenesel« über Hausesel bis hin zu Zwergeseln ist alles vertreten, was die Eselwelt zu bieten hat.

Selbst im Regen lässt sich das NDR-Team die Stimmung nicht vermiesen.

»Das sind richtige Schmusetiere,« schwärmt Eckart August, »und das Wichtigste: Sie halten auch still beim Schmusen. Für Kinder sind sie wirklich ideal.« Eigens für Kinder richtet die Familie August auch die »Deutschen Juniorenmeisterschaften im Iah-Rufen« aus.

Während Heike und »Eselvater« August das letzte Heu verteilen, ist es auf dem überdachten Rondell des Parks voll geworden. Dutzende Kinder warten gespannt darauf, wie die heutige Ausscheidung zur Deutschen Meisterschaft ablaufen wird. Sohn Friedrich August sorgt für Aufklärung: »Ihr müsst Euch vorstellen, Ihr seid ein kleines Fohlen und habt Eure Mutter verloren. Da seid Ihr aufgeregt, lauft hin und her, ruft dabei ganz laut – und das hört sich dann so an ...« Friedrich stößt mehrere Iah's aus – es klingt wie eine Mischung aus Brunftgeschrei und dem klassischen Iah. Eine spezielle Atemtechnik machts möglich! Jetzt sind die Kinder dran, diesen überzeugenden Schrei nachzuahmen. Das Publikum entscheidet über die Qualität. Wer den lautesten Applaus bekommt, ist eine Runde weiter im Spiel. Vater August übernimmt das Mikrofon. Routiniert wie ein Entertainer lässt er Kinder proben, feuert das Publikum an und warnt auch vor überzogenen Hoffnungen, denn die Kleinen können die ganz spezielle Atemtechnik, die Friedrich so erfolgreich beherrscht, natürlich nicht bieten. Aber zur Sache: Die drei- bis zehnjährigen Kinder sind mit Feuereifer dabei und ganz egal, wie das Iah ausfällt, Frau August hat für alle Kinder einen kleinen Preis bereit. Die besten Iah-Rufer werden sogar zur Endausscheidung im Spätsommer eingeladen.

Kinder sind hier einfach gern ge sehen: Auf dem Gelände gibt es einen Kaffeegarten und ein Erlebnisrestaurant mit frisch zubereiteten Gerichten und selbst gebackenem Kuchen – zu familienfreundlichen Preisen. Die Eltern trinken heißen Kaffee, die

Kinder toben auf dem großen, umzäunten Spielplatz herum. Jeden ersten Sonntag im Monat ist Zwillingstreffen im Eselpark. Zweibeinige Zwillinge haben dann freien Eintritt und können die Eselzwillinge Pinkus und Pinky besuchen. Zwillingsgeburten sind auch bei Eseln sehr selten. Aber der Clou für alle Besucher und besonders für die Kinder sind die Kutschfahrten im Gelände.

»Wenn der Esel gehen soll, einfach ›Hü‹ sagen und bei ›Brr‹ nimmt man die Zügel leicht zurück. Dann hält der Esel an.« Mehr Einweisung gibt Eselvater August nicht mit auf den Weg. Heike hat die Zügel jetzt in der Hand. »Wir können uns auf unsere Esel verlassen«, beruhigt Herr August, »die sind so eingefahren, dass sie nach genau dreißig Minuten umkehren und nach einer Stunde wieder am Haus sind.« Wie zur Bestätigung kommen uns laufend Kutschen entgegen. »Der Esel ist eben intelligent, er denkt mit und ordnet sich deshalb den Menschen nicht bedingungslos unter. Darum heißt es auch, der Esel sei störrisch.« Eckart August, dass merken wir genau, ist stolz auf seine Esel. Wer es genau wissen will, für den hat er detaillierte Informationen über die eselgerechte Haltung, die Feinheiten der Zucht oder das richtige Reiten auf Eseln parat.

Eselpark Nessendorf
Familie August
Wiesengrund 3
24327 Nessendorf
Telefon 0 43 82 / 7 48
Telefax 0 43 82 / 7 44
Info-Telefon 01 80 / 2 21 46 46
E-Mail Eselpark.nessendorf@t-online.de
www.Eselpark.de

Öffnungzeiten:
15. März bis 31. Oktober täglich (auch an Feiertagen) von 10.00–18.00 Uhr (Einlass bis 17.00 Uhr).

Eintrittspreise:

Erwachsene	3,00 Euro
(Gruppen ab 20 Personen)	2,50 Euro
Kinder ab 2 Jahren	2,50 Euro
(Gruppen ab 20 Personen)	2,00 Euro
Hunde 1,00 Euro (für Hundetoiletten-Set)	

Reiten oder Kutschfahrten
kosten je nach Bedarf extra
Kutschfahrten
pro Kutsche für 1 Stunde 16,00 Euro
(auf eine Kutsche passen 3 Erwachsene oder 2 Erw. und 2–3 Kinder wobei die Kinder noch abwechselnd auf dem Kutschesel reiten können)
Reiten 1 Stunde 8,00 Euro
(für Kinder bis 50 kg Körpergewicht)

Trakehner in Holstein

Schlösser, Herrenhäuser, repräsentative Anwesen – der Reichtum der Kulturlandschaft im Osten Holsteins springt förmlich ins Auge. Eine der schönsten Anlagen ist Gut Panker, heute vor allem wegen der Trakehnerzucht berühmt. Das Anwesen gehört der »Hessischen Hausstiftung«, die in Schleswig-Holstein auch die Güter Schmoel und Osterrade unterhält.

Wir sind mit dem Juniorchef des Hauses, Prinz Donatus von Hessen, verabredet, den Heike natürlich im Pferdestall trifft. Zusammen mit Gestütsleiter Uwe Rowedder guckt Donatus von Hessen regelmäßig nach den Pferden. Uwe Rowedder ist Stallmeister und hat die Trakehnerzucht hier von Anfang an mit aufgebaut. Heike lässt sich von den beiden Experten zeigen, wie man eine Zuchtstute »richtig« putzt, damit ihre Qualitäten gleich ins Auge fallen. »Wir haben in den letzten 47 Jahren 45 Hengste gezogen, die auch gekört worden sind und unsere Pferde sind im Sport bis zu Europameisterschaften gekommen.« Beiden Herren ist der Stolz auf diese Erfolge anzumerken, denn beide haben sich fast ihr

Das wunderschöne Gut Panker ist berühmt für seine Trakehnerzucht.

ganzes Leben für die Pferdezucht engagiert. Währenddessen hält die »Tänzerin«, eine der Erfolgsstuten Pankers, geduldig still und lässt sich von Heike putzen, obwohl drei Kameras, diverse Lampen und natürlich viele Teamkollegen im altehrwürdigen Stall sind.

Nach 1945 kamen die edlen Trakehner, die eigentlich in Ostpreußen gezüchtet wurden, in strapaziösen Trecks nach Schleswig-Holstein und wurden auf mehrere Güter verteilt. »Das erste Fohlen gehörte dem Bauern oder dem Trakehnerverband, das zweite dann der Hessischen Hausstiftung.« Uwe Rowedder, im Torhaus von Gut Panker geboren, hat die Ankunft der langen Flüchtlingstrecks als Junge selbst erlebt. Unter dem Regiment des eigensinnigen Ostpreußen Heinrich Rosigkeit und trotzdem voller Begeisterung für die edlen Pferde entwickelte sich der Jugendliche zu einem der heute wohl angesehensten Trakehnerexperten. Auch der junge Prinz von Hessen lernte bei ihm die Reiterei von der Pike auf.

Auf dem Weg über das Gutsgelände kommen wir an der prachtvollen Schlossanlage vorbei, der Privatresidenz der Familie. Wie kam die Familie von Hessen nach Schleswig-Holstein, will Heike jetzt wissen und der Prinz gibt Auskunft: »Es gab mal einen Landgrafen von Hessen, der war gleichzeitig König von Schweden. Er hatte in morganatischer Ehe mit einer Frau von der Tauber Kinder und die ernannte er zu »Grafen von Hessenstein«, kaufte ihnen eine kleine

Heike Götz plaudert mit Prinz Donatus von Hessen, dem Hausherrn von Gut Panker.

Im Laden der »Flora Magica« auf Gut Panker findet sich zu den Rosen auch noch das passende Gartenaccessoire!

genannten Pflanzcontainern, und können sofort gekauft werden!

In ihrem kleinen Garten hinter der Remise zeigt Frau Schoel, was beim Pflanzen zu beachten ist. »Vor dem Pflanzen,« erklärt sie, »sollte der Wurzelballen eine gute Stunde in einem großen Eimer gewässert werden. Das Pflanzloch sollte immer gut einen Spatenstich tiefer als der Wurzelballen sein.« Besonders wichtig ist, dass der Veredelungsknoten mindestens fünf Zentimeter unterhalb der Erdoberfläche liegt. Sonst bilden sich wilde Triebe. Von besonderer Rosenerde hält die Expertin übrigens nichts. »Sie brauchen wirklich nur etwas Gartenerde mit einem guten Humus- und Sandanteil. Bloß kein Torf, der ist viel zu sauer für eine Rose!« Dank des Pflanzcontainers lassen sich Rosen das ganze Jahr über pflanzen, die traditionelle Wurzelware, die es ohne Topf gibt, nur im Herbst. Gegen Läuse und andere Schädlinge – eine wahre Plage – helfen allerdings keine Ökotipps, meint Daniela Schoel bedauernd, »ohne Pflanzenschutz kommt man bei Rosen nicht aus. Da geht es leider nicht ohne Spritzen.« Daniela Schoels Begeisterung für die Rosen steckt an, die Teamkollegen sind schon infiziert. Ab heute wird es in den Teamwagen eng, fast alle nutzen die Gelegenheit und kaufen für rund 13 Euro eine Rose.

»Lasst Rosen um mich sein!« Wer will, kann sich gleich einen Rosenstock bei Daniela Schoel kaufen.

Hessische Hausstiftung
Güterverwaltung/Gestütsleitung
24321 Panker
Telefon 0 43 81 / 70 71
Telefax 0 43 81 / 52 60

Restaurant »Ole Liese«
24321 Gut Panker
Telefon 0 43 81 / 90 69-0
Telefax 0 43 81 / 90 69-20
E-Mail info@ole-liese.de
www.ole-liese.de

»Flora Magica«
Daniela Schoel
In der Remise
24321 Gut Panker
Telefon 0 43 81 / 97 05
Telefax 0 43 81 / 41 87 50
E-Mail Flora-Magica.Schoel@t-online.de
www.Flora-Magica.de
Öffnungszeiten:
Di–Fr 14.00–18.00 Uhr,
Sa/So 11.00–18.00 Uhr

Hunde voran!

Wir kommen gerade rechtzeitig zum Frühstück. Vier große Wannen mit 30 Kilogramm rohem Fleisch, klein geschnitten und mit Fertigfutter ergänzt – das reicht gerade, um die Meute für einen Tag satt zu kriegen. Joachim Martens kann ganz offensichtlich nichts mehr erschüttern, weder die täglichen Frühstücksmengen, noch der morgendliche Besuch vom Fernsehen. Das Team bringt denn auch gleich die Fleischwannen in den Freiluftzwinger auf der Pferdekoppel. Joachim Martens bläst kurz in eine kleine Blechtröte, den so genannten »Beagle« und schon kommen 40 Beagles angestratzt. Alle sehen gleich aus – finden wir. »Beagles erkennt man immer an der weißen Rutenspitze« erläutert Joachim Martens, »und an dem braunen Kopf. Seit Generationen werden sie auch als Meute für die Jagdreiterei ausgebildet.« Innerhalb von wenigen Augenblicken ist alles weggeputzt. Wird es zu wild, ruft »Herrchen« die Rabauken gezielt zur Ordnung. Mühelos hält er seine Hunde auseinander. »Wissen Sie, wenn man mit der Meute tagtäglich zusammen lebt, dann kennt man sie genau.« Doch nun geht es auf zum täglichen Training. Der »alte« Pegasus lässt sich bereitwillig mit einem jüngeren

Bei Wind und Wetter fährt Joachim Martens mit seiner Beagle-Schar aus.

Mit der Beagle-Meute gehts auch querfeldein. Die Hunde brauchen viel Auslauf.

Kollegen zusammenkoppeln. »Ein junger und ein alter Hund werden beim Training zusammen gebunden, damit die Jungen von den Alten lernen.« Disziplin ist bei einer solchen Meute unbedingt notwendig, sonst kann man mit ihnen nicht ins Gelände. Im Gewusel der Meute verkoppelt Joachim Martens etliche Hundepaare, während der Rest immer wieder freundlich wedelnd und ein bisschen aufgeregt die Kameras abschleckt.

Tägliches Gassigehen mit dem Fahrrad: Heike und Joachim Martens fahren vorne weg, die Meute immer hinterher, seitlich und weiter hinten sichern Frau Martens und die Kinder den Pulk. Es geht entlang der Landstraßen und Feldwege, denn während der Schonzeit sind die Wälder tabu. Verkehrssicherheit ist dabei das A und O. »Ohne die Familie geht das alles natürlich nicht, gerade zu Beginn des regelmäßigen Trainings im Frühjahr müssen wir gemeinsam die Meute zusammenhalten, bis alle Hunde absolut verkehrssicher sind. Und wenn von vorne ein Auto kommt,« jetzt wird des Masters Stimme laut. »dann heißt es: Rechts 'ran.« In Windeseile formiert sich die Meute rechts von der Mittellinie der Straße. Kompliment!

Inzwischen haben wir, die Kameras immer vorneweg, den ersten Rastplatz erreicht, einen Graben, an dem die Hunde etwas verschnaufen und sich lösen können. »Diese Tour machen wir jeden Tag und bei jedem Wetter. Die Hunde sind schließlich Lauftiere und zur Jagdsaison brauchen sie eine gewisse Kondition. Das ist die artgerechteste Haltungsform für Hunde, die es gibt. Das Leben in einem Rudel entspricht genau ihrer Natur.« Es waren britische Soldaten, die die Jagdreiterei nach Norddeutschland brachten, inklusive einer Beagle-Meute. »Als die Soldaten in den 50er Jahren verlegt wurden, sind einige Hunde bei meinem Vater gelandet«, erinnert sich Joachim Martens. »Und seit über zehn Jahren führe ich nun die Tradition weiter.« Die Beagle-Meute Lübeck ist eine von 25 Hundemeuten in Deutschland.

Zurück auf dem Hof wollen wir nun endlich den »künstlichen Fuchs«

sehen, denn auf lebende Tiere darf in Deutschland schon seit über sechzig Jahren nicht mehr mit Meuten gejagt werden. »Früher zog noch der Schleppenleger einen mit Fuchslosung getränkten Schwamm hinter sich her. Aber das Ding ging öfter verloren oder verfing sich im Unterholz. Heute ist das eher eine ›Tropfjagd‹«. Joachim Martens zeigt auf einen kleinen Messingbehälter, aus dem ein dünner Schlauch herabhängt. »Wir jagen auf Fuchslosung,« grinst er, »nennen wir das mal ganz ordinär Schiet.« Der wird mit Wasser angesetzt, bleibt eine Weile stehen und kommt dann in den Messingbehälter. Der Master demonstriert, wir rümpfen die Nasen. »Der Schleppenleger lässt die Flüssigkeit durch diesen Schlauch heraustropfen.« Heike schüttelt sich, denn appetitlich sieht die Flüssigkeit wirklich nicht aus. »Das ist eine verantwortungsvolle Aufgabe,« meint der Jagdmaster amüsiert, »da darf nichts schief gehen. Wenn es mal nicht tropft, gibt es nur noch zwei Möglichkeiten …« Er zieht den relativ langen Schlauch hoch. »Dann muss man eben hoch zu Ross entweder pusten, um das Ding schnell wieder flott zu kriegen, oder eben saugen … Danach wird natürlich immer gern ein Schnaps getrunken.«

Jagdsaison ist im Herbst. Unter Führung des örtlichen Jagdherren folgen die Reiter in Feldern von 20 bis 40 Teilnehmern der Hundemeute, die der gelegten Spur quer durchs Gelände hinterher stürmt. Solche Jagdstrecken gehen über 10 bis 15 Kilometer. Traditionsgemäß tragen die meisten Reiter dabei rote Röcke. Das mutige Vorwärtsreiten bei dieser Jagd in Rot lässt die Herzen höher schlagen. Es sind farbenfrohe Bilder von Rotröcken, eifrigen Hunden, dampfenden Pferden vor dem Hintergrund der Wiesen und Wälder Schleswig-Holstein. Es sind Bilder von Kraft, Dynamik, Tempo, Wagnis, Geschicklichkeit, von Leistung und Lebenslust. »Hier geht es nicht darum, andere zu besiegen«, beschreiben die Jagdreiter ihren Sport. Zumindest die Hunde werden schließlich belohnt – mit Rinderpansen.

Beagle-Meute Lübeck
Joachim Martens
Dorfstr. 33
23629 Sarkwitz
Telefon 0 45 04 / 7 87 80
Telefax 0 45 04 / 7 87 82
E-Mail BML-JMartens@t-online.de
www.beagle-meute-luebeck.de

Wenn Stuten ihr Bestes geben

Jetzt gehts nach Berlin. Wir überqueren die Grenzen des Kreises Ostholstein, Berlin ist schließlich immer eine Reise wert. Am Ortsschild vorbei geht es über den »Kurfürstendamm«, dann immer »Unter den Linden« entlang über den »Potsdamer Platz« schließlich in die Heerstraße. Eine Tour, die Heike locker in fünf Minuten schafft, denn Berlin liegt bekanntlich im Kreis Segeberg und ist darüber hinaus auch noch 22 Jahre älter als die weit entfernt liegende Hauptstadt gleichen Namens!

Wir kommen gerade zur Melkzeit, allerdings warten keine Kühe, sondern Haflinger auf uns. Der Haflingerhof Seraphin, am Rande der Holsteinischen Schweiz, ist einer der wenigen Stutenmilchbetriebe in Norddeutschland. Haflinger gelten als besonders geduldig, aber selbst Annegret Seraphin ist ganz überrascht, dass ihre Stuten so ruhig bleiben – trotz heller Lampen, Kameras und des ganzen Teams im Melkraum. Im pieksauberen Melkraum ist Hygiene Vorschrift, alle tragen

Auf dem Haflingerhof Seraphin: Die Stuten mit ihren Fohlen gehören zu den Spitzentieren ihrer Rasse.

weiße Kittel, Haarnetze und keimfreie Fußlinge. »Wir arbeiten hier nach Vorzugsmilchbestimmungen, dass heißt, die Stutenmilch wird direkt abgefüllt und gleich eingefroren«, erzählt die junge Milchbäuerin, während sie das Melkgeschirr vorbereitet. »Wir haben damit Ende der 90er Jahre angefangen, mit acht Stuten. Inzwischen melken wir 20 Stuten. Das klingt zwar viel, aber die Stuten geben doch relativ wenig Milch.« Mit geübten Handgriffen melkt Annegret Seraphin vor, drückt aus jeder Zitze etwas Milch heraus. Dabei kontrolliert sie noch mal, ob die Milch in Ordnung ist. Per Schalter an der Wand wird die Melkmaschine in Gang gesetzt und Frau Seraphin setzt das Melkgeschirr an. »Bei jedem Melken kommt zwischen einem halben bis höchstens einem Liter Milch zusammen. Und das auch nur, wenn das Fohlen dabei steht. Ohne Blickkontakt läuft da gar nichts. Und natürlich muss für das Fohlen auch noch Milch übrig bleiben.« Kaum angesetzt, ist die erste Stute auch schon abgemolken und kann zurück in den Stall.

Thomas Seraphin bringt den Pferden frisches Gras. »Das gibts nach jedem Melkgang, also dreimal am Tag.« Er ist, wenn auch unfreiwillig, der Initiator des Stutenmilchbetriebes gewesen. Nach einer Herzmuskelentzündung, die einfach nicht weichen wollte, machte er eine Stutenmilchkur – und siehe da, es ging ihm merklich besser. Stutenmilch gilt seit dem Altertum als universelles Heilmittel und wird heute zunehmend wieder in der Naturheilkunde eingesetzt. Insbesondere bei Hautproblemen wie Neurodermitis, Schuppenflechte oder auch bei Magen- und Darmerkrankungen und Schwächungen des Immunsystems gilt sie als ein vielversprechendes Heilmittel.

Der Haflingerhof Seraphin ist inzwischen ein anerkannter Ökobetrieb und gilt in der Haflingerszene als erfolgreicher Zuchtbetrieb. Denn die Fohlen, natürlicherweise die Voraussetzung für die Milchproduktion, wollen später verkauft sein. »Das klappt nur, wenn wir wirkliche Spitzentiere haben. Der Vater dieses Fohlens,« Thomas Seraphin zeigt auf einen entzückenden kleinen Haflinger, »ist Bundessieger und wurde auf Weltausstellungen gezeigt.«

Inzwischen hat Annegret Seraphin auch die letzten Stuten gemolken und füllt die Milch in 250-ml-Flaschen ab. »Das ist die Tagesmenge, die man während einer Stutenmilchkur trinken sollte.« Verschickt wird die Milch tief gefroren, zum portionsgerechten Auftauen zu Hause. Heike probiert ein Glas und ist erstaunt: »Schmeckt ja ganz anders als Kuhmilch!« Doch nicht nur das: »Stutenmilch hat nur ein Prozent Fett und ist vom Geschmack her eher mit Kokosmilch zu vergleichen. Doch wer überhaupt keine Milch hinunterbekommt, für den lassen wir Kapseln mit Stutenmilchkonzentrat produzieren.« Annegret Seraphin zeigt die verschiedenen Stutenmilchprodukte. »Neben dem Heileffekt ist Stutenmilch seit jeher auch ein beliebtes Schönheitspräparat. Schon Kleopatra badete in Stutenmilch.« Weil sich das heute aber keiner mehr leisten kann, gibt es von der Seife bis zur Tages- oder Nachtcreme die verschiedensten Pflegeprodukte auf Stutenmilchbasis.

Haflingerhof Seraphin
Heerstraße 20 a
23823 Seedorf OT Berlin
Telefon 0 45 55 / 5 31 oder 5 33
Telefax 0 45 55 / 71 49 33
E-Mail seraphin@stutenmilch-nord.de
www.stutenmilch-nord.de

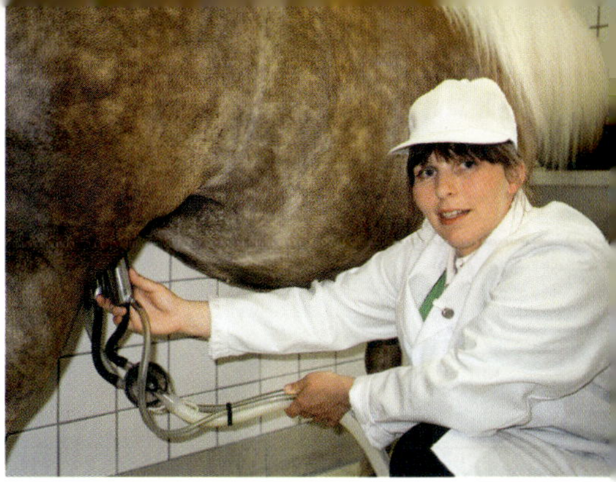

Haflinger-Stuten melken ist eine Kunst, die Annegret Seraphin vom Haflingerhof Seraphin beherrscht.

Unsere Kurztipps

Ganz im Norden, zwischen der Landeshauptstadt Kiel und dem Örtchen Kalifornien liegt direkt an der Kieler Förde und der offenen Ostsee die sogenannte **Probstei**. Jahrhundertelang wurde dieser Landstrich vom Kloster Preetz verwaltet. Die Probstei im Kreis Plön gilt bis heute als eine der reichsten bäuerlich geprägten Regionen Schleswig-Holsteins. Ganz im Gegensatz zum adligen Umland konnte unter dem Schutz der klösterlichen Verwaltung über Jahrhunderte hinweg erbliches Besitzrecht praktiziert werden, das zum bäuerlichen Wohlstand führte. Abzulesen ist das heute noch an den schön gelegenen Hofanlagen und einer traditionell reichen Esskultur. Kaum sonst irgendwo in Schleswig-Holstein findet sich, zumindest was die einschlägigen Restaurantführer angeht, eine so große Auswahl guter und hervorragender Restaurants. Von der liebevoll zelebrierten »gutbürgerlichen Küche« beispielsweise im gemütlichen »Hotel Stadt Kiel« in Schönberg (Hotel Stadt Kiel, Am Markt 8, 24217 Schönberg, Telefon 0 43 44 / 30 51-0, Fax -51, www.hotel-stadt-kiel.de), wo man zu normalen Preisen sehr lecker speisen kann (auch in dem im Sommer geöffneten Biergarten) bis hin zu Restaurants wie der »Sommerhof« (24217 Fiefbergen, Am Dorfteich 11, Telefon 0 43 44/66 85) oder »Bruhns Deichhotel bei Laboe (24235 Stein, Dorfring 36, Tel. 0 43 43/49 50), die nach den berühmten »Sternen« greifen.

Foto: Ingo Touristen-Information Laboe

Das Marine-Ehrenmal am Strand vom Laboe.

An der Mündung der **Kieler Förde zur Ostsee** liegt der kleine Ort Laboe, bekannt durch sein Marine-Ehrenmal in Form eines backsteinernen U-Bootturmes. Von der 85 m hohen Aussichtsplattform hat man einen wunderbaren Blick weit über die Förde und die Ostsee. Und am Strand lässt sich das original erhaltene U-Boot U 995 besichtigen. Täglich ab 9.30 Uhr geöffnet. Im idyllischen Yacht- und Fischereihafen von Laboe kann man, mit ein bisschen Glück, fangfrischen Ostseefisch kaufen und genießen.

Marine-Ehrenmal
Strandstr. 92, 24235 Laboe
Telefon 0 43 43 / 42 70 0

Die kilometerlangen Sandstrände der Probstei sind mit ihrer Dünenlandschaft sehr beliebt, besonders bei Surfern. Jüngste Attraktion ist die neu gebaute **Seebrücke bei Schönberg**, an der auch der Ausflugsdampfer »Heikendorf« im Juli und August regelmäßig anlegt. Kartenverkauf an Bord der MS »Heikendorf« und beim Tourist-Service Osteebad Schönberg. Außerdem gibt es eine regelmäßige Schiffsverbindung von Laboe nach Kiel.

Tourist-Service Osteebad Schönberg
Schönberger Strand
Käptn's Gang 1
Telefon 0 43 44 / 41 41-0

SFK Schlepp- und Fährgesellschaft Kiel mbH
Kaistr. 51
Telefon 04 31 / 5 94 12 63

Fahrkartenschalter Laboer Mole
Telefon 0 43 43 / 63 50

Wer ganz zünftig am **Schönberger Strand** auf die »gute alte Art« ankommen will, dem sei eine Reise mit »Hein Schönberg« empfohlen, wie die Anfang der achtziger Jahre stillgelegte Bahnstrecke zwischen Kiel und Schönberger Strand genannt wird. Denn heute noch fahren dort regelmäßig historische Züge, die vom »Verein Verkehrsamateure und Museumsbahn« eingesetzt werden. Vor dem Bahnhof verkehrt, auf eigenen Gleisen, eine Museumsstraßenbahn mit Straßenbahnwagen aus Kiel, Lübeck, Hamburg und anderen Städten.

Museumsbahnhof Am Schierbek 1
Schönberger Strand
24217 Schönberg/ Probstei
Telefon 0 43 44 / 31 74
oder 0 40 / 7 89 21 16
(geöffnet an Wochenenden von Pfingsten bis Anfang Oktober).

Daneben gibt es vom Kindheitsmuseum in Schönberg bis hin zur Meeresbiologischen Station in Laboe oder der betriebsbereiten Krokauer Mühle noch eine Vielzahl weiterer Attraktionen in der Probstei zu sehen, wenn man sich auf eine Tour oder auch einen ganzen Urlaub in der Region einlässt. Dann kann man sich beispielsweise davon überzeugen, dass Brasilien tatsächlich gleich hinter Kalifornien liegt – beides kleine Siedlungen, direkt am Strand gelegen. Die exotisch klingenden Namen sollen angeblich von den unvergleichlich feinen Sandstränden herrühren, die man sonst nur im fernen Amerika vermutet würde.

Ausführliche Infos und Tips gibt es beim
Tourismusverband Probstei e.V.
Knüll 4
24217 Schönberg/Ostsee
Telefon 043 44 / 3 06-0
Telefax 043 44 / 3 06-2 06
E-Mail info@probstei.de
www.probstei.de
www.schoenberg.de
www.laboe.de

Eine Welt für sich ist die Insel **Fehmarn**, die erst seit 1963 mit dem Rest Europas durch den Bau der Fehmarnsundbrücke verbunden ist. Auf die ausgesprochen fruchtbaren Böden sind die Fehmararner heute noch stolz und natürlich ihre bäuerliche Tradition. Der Verkauf von Land an Adelige war den Bauern auf der Insel verboten. Heute ist Fehmarn vor allem die »Brücke nach Skandinavien«, vom Fährhafen Puttgarden geht es im Stundentakt entlang der »Vogelfluglinie« ins dänische Rødby. Denn auch die Zugvögelschwärme machen auf Fehmarn traditionell Rast. Andererseits gehört die Ostseeinsel zu den wärmsten Gegenden Deutschlands. Jahrzehntelange Messungen beweisen: Kaum irgendwo sonst scheint die Sonne länger und regnet es weniger. Und so hat sich im Zeitalter des Tourismus auf Fehmarn ein vielfältiges Angebot entwickelt: Vom Surfen bis zum Wracktauchen, vom Familiencamping bis zum Wellness-Urlaub.

Und vor allem ist Fehmarn eine Fahrrad-Insel: Die flache Gegend mit einem hervorragend ausgebauten Radwandernetz weit ab von vielbefahrenen Autostraßen bietet beste Voraussetzungen. Acht ausgearbeitete Touren wie die »Sundbrückentour«, die »Geschichtstour« die »Kirchentour« oder auch die »romantische Tour« laden ein. Und wer die Insel ganz mit dem Fahrrad umrunden will, muß sich immerhin auf rund 90 km Strecke gefasst machen.

Für Surfer ist Fehmarn ein wahres Paradies: Vom »Bambini-Surfen« bis zum ausgewiesenen Experten – 13 verschieden klassifizierte Surfreviere bieten für jeden etwas. Die renommierten Surfschulen helfen beim Lernen und Verbessern der Form. Wind und Wellen gibts umsonst dazu. Rund um Fehmarn herum liegen die verschiedensten Angelreviere. Plattfische, Dorsche, Meerforellen, ... die Kapitäne der Kutter wissen genau, wohin sie ihre Angelgäste fahren müssen und wie man die Fische am besten fängt.

Landratten können sich im Hafen von Burgstarken im Silo-Climbing üben. Dort steht Europas größte Free-Climbing-Anlage mit acht verschiedenen Kletterrouten in 15 bis 40 m Höhe. Beschaulicher dagegen geht es auf dem Golfplatz zu oder den angebotenen ökologischen Führungen.

Wer sich von all diesen Anstrengungen erholen oder einfach nur gut essen will, der kann sich mit original Fehmaraner Spezialtäten stärken. Ein blau-weiß-roter Kreis mit dem Hinweis »Der direkte Weg« garantiert, dass das so beworbene Fleisch, Obst oder Gemüse tatsächlich aus der Region stammt.

Ausführliche Informationen bei
»Insel-Information & Zimmer- und FeWo-Vermittlung«
Fehmarn Tourismus GmbH
Landkirchener Weg 2
23769 Burg auf Fehmarn
Telefon 0 43 71 / 86 86 86
Telefax 0 43 71 / 86 86 42
E-Mail. info@fehmarn-info.de
www.fehmarn-info.de

Der HANSA-Park lockt mit Fahrattraktionen.

Neben dem klassischen Strandurlaub oder den eher kulturell ambitionierten Touren ins attraktive Binnenland bietet die **Ostseeküste** – genauer gesagt – die ostholsteinische Küste noch ganz andere Attraktionen. Der »HANSA-Park« in Sierksdorf beispielsweise hat von Ende März bis Ende Oktober täglich von 9.00 bis 18.00 Uhr geöffnet. Der maritim geprägte Erlebnispark an der Ostsee besteht seit über 25 Jahren und lockt mit immer neuen Attraktionen jährlich über eine Million Besucher an.

Von der in Deutschland einmaligen Wasserbob-Bahn, den Loopingbahnen »Fliegender Hai« und »Nessie« bis hin zum nostalgisch gestalteten »Alten Jahrmarkt« mit historischen Fahranlagen – von der abenteuerlichen »Bonanza-City«, oder dem »Piratenland« bis hin zum erlebnisorientierten HANSA-Parcours speziell für Schulklassen, der landeskundliche, ökologische und naturwissenschaftliche Kenntnisse spielerisch vermitteln soll. Liebevoll gestaltete Themenbereiche, spektakuläre und beschauliche Fahrattraktionen, atemberaubende Live-Shows, wunderschöne Parkanlagen und ein traumhafter Meeresblick – der HANSA-Park bietet perfekte Unterhaltung, nicht nur für Kinder. Besucher ab 15 Jahren zahlen 19,00 Euro Eintritt, Kinder und Jugendliche bis einschließlich 14 Jahren und Besucher ab 60 Jahren 17,00 Euro. Kinder unter vier Jahren und alle Geburtstagskinder bis zum 14. Lebensjahr haben freien Eintritt.

HANSA-Park
Postfach 1229
23722 Neustadt in Holstein
Telefon 0 45 63 / 4 74-0
Telefax 0 45 63 / 4 74-100
E-Mail infos@hansapark.de
www.hansapark.de

Weiter südlich an der Ostseeküste, in dem kleinen Örtchen Timmendorfer Strand lockt das »**Sea-Life**«, eine den natürlichen Lebensräumen nachempfundene Aquarienlandschaft, vom Lebensraum Fluß bis in die Tiefsee.

Als besondere Attraktion gibt es einen Acrylglas-Tunnel durch das Ozeanbecken, von dem aus die Besucher trockenen Fußes das Aquarium durchschreiten können. In Zusammenarbeit mit Greenpeace gibt es laufend Zusatzausstellungen beispielsweise zum Thema Verschmutzung der Meere. »Sea-Life« hat ganzjährig täglich ab 10.00 Uhr geöffnet.

Sea-Life Timmendorfer Strand
Kurpromenade 5
23669 Timmendorfer Strand
Telefon 0 45 03 / 35 88-0
Telefax 0 45 03 / 35 88-22
www.sealife.de

Wer in einer der vielen kleinen Pensionen, Hotels oder Bauernhöfe keinen Platz findet und auch im Norden ein »subtropisches Badeparadies« sucht, der ist im Ostseebad »Weißenhäuser Strand« richtig. Der Ferienpark mit Apartments, Bungalows und einem Hotel kommt ohne Hochhäuser aus und liegt an der Hohwachter Bucht. Draußen Ostsee, drinnen Südsee – und das zu jeder Jahreszeit.

Bade- Wellness- und Kurbereiche gehen ineinander über, sodass man sich das ganze Jahr über in der weitläufigen Ferienparkanlage verwöhnen lassen kann. Umgeben von Naturschutzgebieten und direkt am Strand gelegen kann man sich am »Weißenhäuser Strand« entweder total entspannen oder auch im Sport- und Spiel-Center und den vielen Restaurants amüsieren.

Ferienpark »Weißenhäuser Strand«
Seestraße 1
23758 Weißenhäuser Strand
Telefon 0 43 61 55-0
Telefax 0 43 61 55-27 20
E-Mail info@weissenhaeuserstrand.de
www.weissenhaeuserstrand.de

Außerhalb der Region Ostholstein, aber mit vielen ostholsteinischen Exponaten liegt das **Freilichtmuseum Kiel-Molfsee** mit alten Bauernhäusern, Scheunen und Mühlen. Die fast 70 Gebäude früherer Zeiten sind alle mit dem passenden Mobiliar, Hausrat und Arbeitsgeräten ausgestattet. In einer alten Gutsschmiede und im Backhaus wird gearbeitet, Korbflechter, Drechsler, Töpfer und Weberinnen zeigen ihr Können. Auf dem alten Jahrmarkt mit Orgelmusik laden Karussel, Schiffschaukel und Schießbude zum Vergnügen ein. Das Museum ist vom 24. März bis 31. Oktober täglich von 9.00 bis 18.00 Uhr geöffnet.

Poitou-Riesenesel im Tierpark Warder: »Wer staunt mehr?«

»Schleswig-Holsteinischen Freilichtmuseum e.V.«
Hamburger Landstraße 97
24113 Molfsee / Kiel
Telefon 04 31 / 65 96 6-0
Telefax 04 31 / 65 96 6-25.

Ebenfalls außerhalb Ostholsteins, aber in Deutschland in dieser Größe einzigartig ist der nah gelegene **Haustierschutzpark Warder**, nördlich von Neumünster. In ihm sind die vielfältigen Nutztierrassen Deutschlands ausgestellt, die heutzutage größtenteils von Hochleistungstieren verdrängt worden sind: Rinder-, Schweine-, Pferde-, Ziegen- oder auch Geflügelrassen in einer Vielfalt, die es in der heutigen Landwirtschaft nicht mehr gibt. Der »Schutzpark für seltene und gefährdete Haustierrassen« zeigt über 1500 Tiere aus 150 verschiedenen Rassen. Der liebevoll angelegte Park fasziniert große wie kleine Besucher gleichermaßen und fast alle Tiere sind handzahm.

Tierpark Warder
Langwedeler Weg 11
24646 Warder am Brahmsee
Telefon 0 43 29 / 12 80
Telefax 0 43 29 / 10 77
E-Mail tierparktwarder@t-online.de
www.tierpark-warder.de

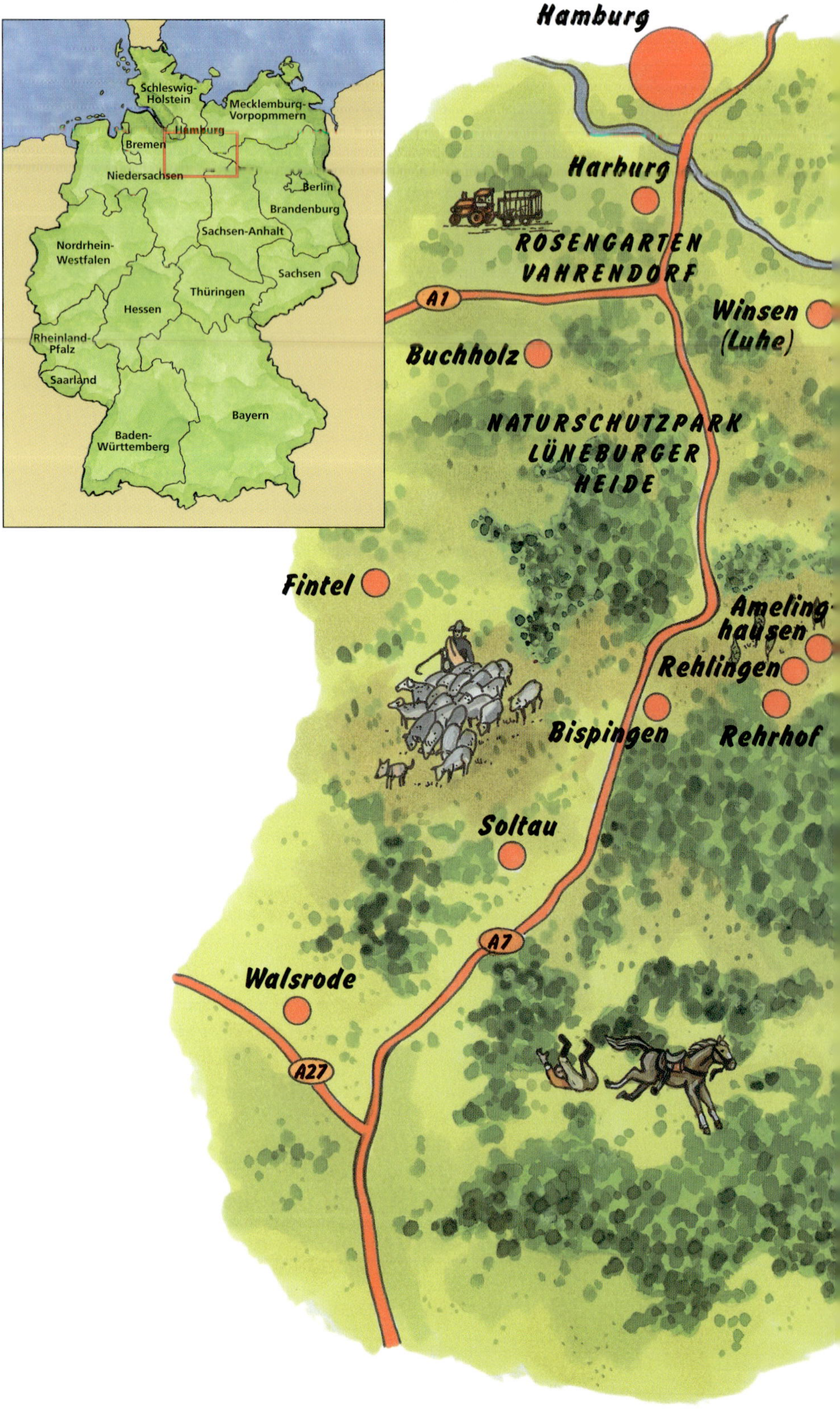
Schleswig-Holstein
Mecklemburg-Vorpopmmern
Hamburg
Bremen
Niedersachsen
Berlin
Brandenburg
Sachsen-Anhalt
Nordrhein-Westfalen
Sachsen
Thüringen
Hessen
Rheinland-Pfalz
Saarland
Bayern
Baden-Württemberg
Hamburg
Harburg
ROSENGARTEN VAHRENDORF
A1
Winsen (Luhe)
Buchholz
NATURSCHUTZPARK LÜNEBURGER HEIDE
Fintel
Amelinghausen
Rehlingen
Bispingen
Rehrhof
Soltau
A7
Walsrode
A27

Nordheide

Kreuz und quer durch die Heide

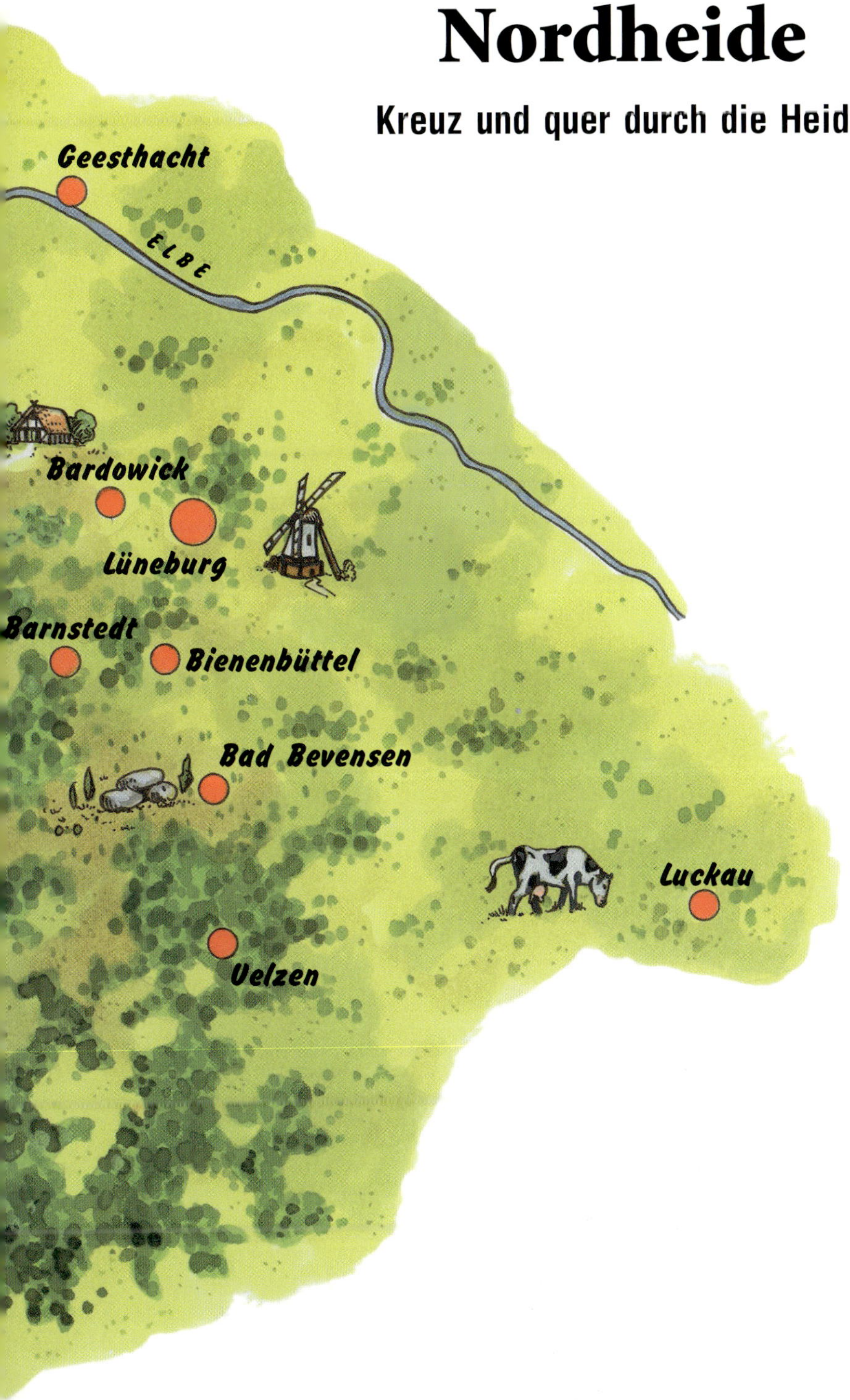

Ein Idyll von Menschenhand

Kreuz und quer durch die Heide

von Achim Tacke

Die sanften Hügel, die Felder und Bäche der Heide und ihre Dörfer haben ihren ganz besonderen Reiz. Meine Eltern haben hier einst ihren ersten Urlaub verbracht und oft davon erzählt: von den Wanderungen, der Heidelandschaft, den Gehöften und natürlich von den Heidschnucken. Erst viele Jahre später, nach meinem ersten Aufenthalt in der Heide, verstand ich die Begeisterung meiner Eltern. Während der Recherchen zur Landpartie Nordheide habe ich die Fahrten übers Land sehr geschätzt.

Auf gehts zum Plaggen!

Irgendwie hatten sich die meisten von uns den ersten Drehtag in der Heide anders vorgestellt. Verabredet waren wir mit Rolf-Peter Meyer auf seinem Hof in Luhdorf bei Winsen. Rolf-Peter Meyer hat zwar Landwirt gelernt, arbeitet aber schon seit 20 Jahren in der Landschaftspflege. Damals ein echtes Novum. Er musste neue Maschinen konstruieren, Methoden für die Landschaftspflege entwickeln, das ökologische Gleichgewicht erhalten. Rolf-Peter Meyer stürzte sich in die Arbeit, war schnell erfolgreich und hat es auch heute eilig: Der Motor läuft bereits, als wir eintreffen. In die Nähe von Amelinghausen soll es gehen. »Dort plaggen gerade Mitarbeiter Heide,« meint er. Wie bitte?

◀ *Nützlich und nett anzuschauen: Heidschnucken.* Foto: Ingo Wandmacher

Foto: Ingo Wandmacher

Die Heideidylle ist eigentlich Produkt einer »Umweltkatastrophe« der Abholzung.

Auf einem Feldweg rollen wir mitten durch Heidelandschaft. Bei einer Anhöhe hält Rolf-Peter Meyer, steigt aus, ergreift zwei Hacken und steigt hinauf zu einer Grabanlage aus der Vorzeit. »Bei der Denkmalpflege plaggen wir noch mit der Hand, sonst mit Maschinen,« erklärt er. Mit der Hacke wird das Heidekraut in breiten Streifen aus dem Boden gehackt, die sich zusammenrollen lassen. »Früher haben die Heidebauern den ganzen Sommer über geplaggt.« Das Heidekraut diente als Einstreu für die Tiere oder wurde im Ofen verbrannt. Rolf-Peter Meyer kommt ins Schwitzen. »Der Ausdruck »sich plagen« kommt ursprünglich vom Heide plaggen,« erklärt er schon leicht kurzatmig. Wozu der ganze Aufwand? »Ohne plaggen geht die Heide kaputt. Sie erstickt an ihrem eigenen Humus.« Denn die abgestorbenen Pflanzenteile vergehen zu Humus und reichern den Boden an.

Plaggen per Hand ist ganz schön mühsam. Heute machen das auch Maschinen.

Erika oder Heidekraut brauchen aber magere, nährstoffarme Böden. »Damit die Kulturlandschaft Heide erhalten bleibt, muss geplaggt werden«, sagt Rolf-Peter Meyer. Schließlich ist die Heide eine Landschaft von Menschenhand. Um Fässer für Salzheringe herzustellen, holzte man vor Jahrhunderten die dichten Wälder rund um Lüneburg ab. Durch Überweidung der gerodeten Region entstanden die ersten Heideflächen.

Nach dem Plaggen kommt das Kompostieren. Heike donnert im PS-starken Trecker samt Anhänger voran. Jürgen Vogt, der Betreiber der Anlage, lässt aus dem Heidekraut und allem, was sonst noch damit verbunden ist, Humus produzieren. In mehreren Mieten liegt die Heidekrautmaat auf dem Platz. Es dauert über ein halbes Jahr, bis die gesiebten Reste zu wertvollem Humus werden. Bei Gärtnern gelten sie mittlerweile als hochwertiger Torfersatz. Für Jürgen Vogt ist das Geschäft mit dem verrotteten Heidekraut zu einem wichtigen Standbein seines landwirtschaftlichen Betriebes geworden.

Mit dem Trecker und Rolf-Peter Meyer tuckert Heike zum »Plaggen« in die Heide.

Rolf-Peter Meyer
Heidepflege
Luhdorfer Twieten 5
21423 Winsen/Luhe
Telefon 0 41 71 / 78 30-0
Telefax 0 41 71 / 78 30-25
E-Mail info@meyer-luhdorf.de
www.meyer-luhdorf.de

Reiterparadies mit Flair

Der Bauernhof von Jürgen Vogt hat Flair. Der Rehrhof in Rehlingen liegt im Sonnenschein unter uralten Eichen und Buchen. Die Weitläufigkeit der Anlage beeindruckt genauso wie die Architektur der Fachwerkhäuser. Am Tor begrüßt uns freudig der schwarze Hofhund, ein Hovawart. Einen treueren Freund könnte Heike sich gar nicht vorstellen: Er weicht ihr bis zur Abfahrt nicht mehr von der Seite. Augenfällig ist ein großes, auf Stelzen errichtetes Gebäude neben der Hofeinfahrt. Es ist der alte Wollspeicher. »Früher hatten alle Heidehöfe mehr oder weniger große Heidschnuckenherden, die das Heidekraut und vor allem die Birken kurz hielten«, erzählt Jürgen Vogt. »In den Speichern wurde die Wolle der Schafe bis zur weiteren Verarbeitung gelagert.« Heute dient der Speicher als eine Art »Carport« für diverse Wagen, Kutschen und landwirtschaftliche Geräte.

Der Wollspeicher ist auch das einzige Gebäude, das 1842 einen verheerenden Brand unbeschadet überstand. Der gesamte restliche Hof musste seinerzeit neu aufgebaut werden. Damals entschlossen sich die Vorfahren von Jürgen Vogt, die Gebäude so weitläufig auseinander zu bauen, dass bei einem erneuten Feuer oder Blitzschlag kein weiteres durch Funkenflug in Mitleidenschaft gezogen werden konnte. So erklärt sich die großzügige Gestaltung des Hofes.

Eine Gruppe Reiter trabt klappernd auf den Hof. »Feriengäste von uns!« erklärt Herr Vogt. Die sechs Frauen satteln gerade ab, Heike ist neugierig, man kommt ins Gespräch. Aus der Nähe von Hannover stammen die Damen – und sind bereits zum achten Mal hier. »Zum achten Mal?!« wundert sich Heike,« ist das nicht etwas langweilig?« »Ganz im Gegenteil. Wir sind jeweils eine Woche hier – ohne Männer! Stattdessen packen wir unsere Pferde ein und los gehts.

Foto: Ingo Wandmacher

Der Rehrhof in Rehlingen beeindruckt duch die weitläufige Anlage und die schönen Fachwerkhäuser. Hier wird zur Jagd geblasen.

Foto: Ingo Wandmacher

Ferien auf dem Rehrhof sind für Reitbegeisterte ein Genuss!

Der sandige Heideboden ist ideal für die Pferde, die Landschaft ist leicht hügelig und sehr abwechslungsreich. Ich glaube, man kann hier 100 Jahre Urlaub machen und doch immer wieder Neues entdecken.«

»Und schauen Sie sich den Rehrhof von Jürgen Vogt an«, sagt eine andere Reitersfrau, die gerade ihr Pferd mit einem Wasserschlauch abspritzt, «das ist doch hier ein Paradies. Die Ruhe, die Natur und eben diese Anlage – traumhaft!« Jürgen Vogt lächelt, hat er doch Reitplätze und sogar Übungsstrecken für Kutschfahrer in der unmittelbaren Nähe. Aber auch pferdelose Menschen können hier Urlaub machen. Schließlich gibt es einen Fahrradverleih und hervorragende Wanderwege.

Für Pferde ist das wirklich ein Paradies. Die Boxen sind groß, die Ställe hell und luftig. Die Boxenwände sind so gebaut, dass sich die Pferde sehen und beschnuppern können, wichtig für soziale Tiere wie Pferde. Die angrenzenden Koppeln bieten reichlich Futter und Auslauf. Bäume sorgen im heißen Sommer für nötigen Schatten. Aber nicht nur die Pferde haben Platz, auch die Menschen sind geräumig untergebracht! Bei der Besichtigung der Ferienwohnungen treffen wir wieder auf die Hobbyreiterinnen, bekommen ein Tässchen Kaffee in die Hand gedrückt und klönen gemütlich. »Wir fühlen uns hier mittlerweile wie zu Hause«, sagt eine der Damen, während sie mit dem Milchkännchen herum geht. »Die Wohnungen sind sehr geräumig. Wenn man aus dem Teenie-Alter raus ist, will man auch mal seine Ruhe.« Einige aus dem Team denken darüber nach, ob man nicht einfach mal ein schönes Wochenende auf dem Rehrhof verbringt. Einen Schnupperkurs Lüneburger Heide – sozusagen.

Forstgut Rehrhof
Rehrhof 8
21385 Rehlingen
Telefon 0 41 32 / 91 22-0
Telefax 0 41 32 / 91 22-22
E-Mail vogt-rehrhof@t-online.de
www.rehrhof.de

Der Naturbursche

So stellt man sich das vor: Uwe Sturm steht – auf einen Stab gestützt – und kommandiert seine Hunde. Uwe Sturm ist Heidschnuckenschäfer – einer der letzten seiner Zunft und wir dürfen ihn begleiten. Bedächtig und ruhig erzählt er uns die Geschichte der Heidschnucken: »Die Heidschnucken sind eine alte, so genannte Landschafrasse. Bis vor 50 Jahren hatten viele Regionen eigene Schafrassen, so wie die Moorschnucken, das Leineschaf, das rauwollige Pommernschaf oder das Bentheimer Schaf. Diese Rassen waren hervorragend an die jeweiligen landschaftlichen Bedingungen angepasst. So haben die Heidschnucken dafür gesorgt, dass die Heide so blieb, wie sie war. Die Tiere fraßen die Kräuter und hielten den Baumbewuchs nied-

Foto: Ingo Wandmacher

Die Heidschnucken leisten Landschaftspflege. Sie sind noch nah mit dem Wildschaf verwandt.

rig. Die Moorschnucken hingegen kamen sehr gut mit feuchtem Untergrund klar. Andere Schafrassen hätten im Moor Klauenprobleme bekommen.«

Leider werden die echten Heidschnucken immer weniger, denn auch bei Schafen gibt es Fortschritt. In diesem Falle: Moderne Hochleistungsrassen. Sie erreichen bei entsprechendem Futter dreimal schneller die Schlachtreife als die Heidschnucken. Wer nur Heidschnucken hielte, hätte keine Chance. »Schließlich halten wir ja die Schafe nicht als Hobby, sondern weil wir mit ihnen Geld verdienen wollen«, betont Uwe Sturm. Heikes Einwand, dass die Heidschnucken auch Landschaftspflege leisten und schöne Wolle geben, lässt er nicht gelten: »Die Wolle ist leider nichts mehr wert. Das Scheren ist meist teurer als das, was wir für die Wolle bekommen. Nur für die Landschaftspflege gibt es noch eine kleine Unterstützung, sonst ginge es gar nicht.«

Heike ist immer noch nicht zufrieden: »Sie haben gesagt, dass die Hochleistungsschafe bei entsprechendem Futter schneller wachsen. Heißt das, die würden gar kein

Heidschnuckenschäfer Uwe Sturm ist einer der letzten seiner Zunft.

Heideimpressionen

Heidekraut fressen?« »Schlimmer noch!«, bestätigt Uwe Sturm, »die würden wahrscheinlich ohne Zusatzfutter hier in der Heide verhungern, denn ihr ganzer Stoffwechsel ist auf Hochleistung programmiert.«

Das Fleisch der Heidschnucke ist dunkler und schmeckt besser als das anderer Schafe!

Heike bückt sich, pflückt etwas Heidekraut ab und schnuppert daran. Dann bohrt sie weiter: »Ist es denn nicht egal, ob ein Schaf Kräuter frisst oder Gras?« Der Schäfer erklärt: »Vom Fleischgeschmack her ist das ein großer Unterschied. Die Heidschnucken, wie auch viele andere alte Landrassen, sind noch sehr nah mit dem Wildschaf verwandt. Das Fleisch ist dunkler. Wenn nun diese Tiere Kräuter fressen, so wie Wildschafe, dann schmeckt es auch viel besser!« Uwe Sturm nimmt seinen Rucksack ab, greift hinein, zieht eine Wurst samt Messer heraus und bietet Heike Heidschnuckensalami an! Es gibt Momente bei den Dreharbeiten, in denen wir alle Heike beneiden! Die Salami besteht auf Anhieb den Gaumentest. Eine der wenigen Annehmlichkeiten im Leben eines Schäfers.

Fast das ganze Jahr ist Uwe Sturm mit seinen Tieren draußen, manchmal bis in den Februar hinein. Heike schaudert ein wenig bei der Vorstellung, im Winter in der Heide herumziehen zu müssen. Und Herr Sturm bestätigt: »Mit der viel besagten Romantik hat der Beruf wenig zu tun. Meist ist es harte Arbeit. Die Hunde müssen ausgebildet werden. Und in der Lammsaison bin ich auch oft nachts unterwegs, um zu sehen, ob es dem Mutterschaf und dem Lamm auch gut geht. Dann gibt es hin und wieder Krankheiten, von denen ich einige selber behandeln kann und darf, und schließlich müssen auch Tiere verkauft und geschlachtet werden. Die muss ich aussuchen.«

Umso wichtiger ist der Stab, die Schäferschaufel, sagt Uwe Sturm: »Einerseits stehe ich gerade im Winter oft Stunden und stütze mich auf die Schaufel, weil es zu nass und zu kalt ist, um mich hinzusetzen. Zum anderen ist an der Schaufel ein Haken, mit dem ich Schafe herausholen kann. Ich greife mir damit ein Hinterbein, und schon habe ich das Tier. Und dann brauche ich noch die Schaufel, wenn ich mit der Herde über eine Straße ziehen will und die Schafe wegen des Verkehrs aufhalten muss. Dann nehme ich eine Schaufel voll Sand und werfe sie vor die Tiere, sodass sie zurückspringen. Das funktioniert fast immer!«

Während wir plauderten, hat sich die Herde Schritt für Schritt von uns entfernt. Da gibt Schäfer Sturm zwei kurze Kommandos und die Hunde spurten los. Einige Minuten später sind wir von Heidschnucken umringt. Neugierig beschnuppern sie die Kameras und zupfen Heike an der Jacke. Unser Bild von Heideschäfern hat sich in den vergangenen Stunden dramatisch verändert. An diesem Abend probieren wir Heidschnuckenbraten – und es ist ein Genuss. Wir können die Kräuter richtig schmecken – da sind wir uns alle einig!

Der Bio-Ritter

Am nächsten Morgen stehen wir etwas früher auf. Wir wollen Gänse auf die Weide bringen. Übernachtet

Auf dem Rittergut Barnstedt geht es ganz modern zu. Hausherr Christian von Estorff ist Biolandwirt mit Leib und Seele.

Foto: Ingo Wandmacher

Der idyllische Park von Rittergut Barnstedt.

haben wir in Lüneburg, gleich an der Ilmenau. Auf der Fahrt nach Barnstedt kreuzt ein Rudel Rehe unseren Weg. Der Tau glänzt noch auf den Wiesen und manchmal liegt Nebel in den Bachtälern.

Christian von Estorff, Besitzer des Ritterguts in Barnstedt, erwartet uns bereits. Doch zuerst müssen wir die Gänse laufen lassen. Das Team baut sich vor den Luken des Stalls auf. Christian von Estorff und Heike, so unsere Idee, öffnen die Luken und die Gänse laufen dann schnatternd an uns vorbei auf die grüne Wiese. Theoretisch prima, praktisch undurchführbar. Ein paar Tiere schauen nur kurz heraus und ziehen sich dann laut schnatternd wieder zurück. So viele Menschen mit so viel Technik sind ihnen nicht geheuer. Erst als wir mehr Abstand halten, kommen sie vorsichtig heraus und bald schnattern 500 Gänse über die Weiden. Seit einigen Jahren hält Christian von Estorff Biogänse, die er zu Weihnachten vermarktet. Die Tiere bekommen nur hofeigenes, nach Biolandrichtlinien angebautes Futter. Warum so viel Bio, Herr von Estorff? »Weil es mehr Spaß macht und ich mich dabei besser fühle. Es ist keine Ideologie, die mich zum Biobauern gemacht hat, es war einfach nur Einsicht. Ich denke, jeder Landwirt sollte selber entscheiden, welchen Weg er geht – aber er sollte dann auch dafür die Verantwortung übernehmen. Für meinen Hof habe ich das getan und ihn deshalb so aufgebaut, wie er heute ist.« Die Gänse grasen friedlich die sattgrüne Weide ab. Im Hintergrund thront das Gutshaus, ein Teich glitzert und die alte Kapelle duckt sich unterm blauen Himmel.

Wir treffen nach den Gänsen auf die Kühe, die Black Welsh Kühe mit ihren Kälbern. Auch hier regiert das gute Bio-Gewissen. »Ich mag es, wenn die Landwirtschaft möglichst abwechslungsreich ist. Neben den Gänsen haben wir noch Biohühner und diese Herde Black Welsh Rinder.

Es ist eine Fleischrinderrasse, die ich das ganze Jahr im Freien halten kann.« Die Tiere erkennen Christian von Estorff und kommen näher. »Natürlich will ich auch mit den Rindern, den Hühnern und den Gänsen Geld verdienen, aber ich bin der Meinung, dass die trotzdem ein anständiges, möglichst tiergerechtes Leben haben sollen.« Während er das in seiner ruhigen, überlegten Art sagt, krault er einer Kuh die Stirn. »Mit der hat das alles mal angefangen. Die habe ich vor 14 Jahren von Hermann Maack gekauft und seitdem hat sie viele schöne Kälber gebracht.«

Die alte Kuhdame scheint die Streicheleinheiten zu genießen. Heike möchte mehr über den Fleischrinderzüchter Hermann Maack wissen, und Christian von Estorff rät: »Fahrt doch einfach mal vorbei. Hermann freut sich bestimmt.« Eine gute Idee, die wir sofort in unser Programm aufnehmen. Auch wir haben in den letzten Jahren immer wieder diesen Namen von Fleischrinderzüchtern gehört.

Wir schlendern durch den Park des Ritterguts. Seit 1165 ist das Rittergut im Besitz der Familie von Estorff. Damals war es eine Wasserburg, deren Gräben zum Teil heute noch sichtbar sind. Im Dreißigjährigen Krieg wurde ein guter Teil der Gebäude wie auch ein großer Teil des Dorfes durch ein Großfeuer zerstört. Anschließend bauten die Ahnen von Christian von Estorff die Gebäude wieder auf. Seit 1790 gehört das Gut der Celler Ritterschaft an. Immer wieder unterbricht Christian von Estorff seine Erzählung, begrüßt Gäste, die den Park besuchen und unterhält sich kurz mit ihnen.

Das heutige Herrenhaus wurde 1673 erbaut. Eleonore von Estorff, eine Hugenottin, gestaltete um 1735 den Hof, die Kapelle und vor allem den Garten neu. Die Kapelle wurde bereits 1593 von Ludolf-Otto XIV von Estorff zur Erinnerung an seine verstorbene Frau erbaut. Bis heute wird die Kapelle genutzt. Viele Paare heiraten dort und gelegentlich finden Konzerte statt. Wenn wir wollen, sagt Christian von Estorff, können

Im Bio-Restaurant und -Café von Christian von Estorff macht das Schlemmen Spaß!

wir nachmittags eine Trauung miterleben. Ein schönes Angebot und gleich auch eine weitere Aufgabe für Dieter Hartwigsen, unseren Aufnahmeleiter, der einen Strauß Blumen für das Hochzeitspaar besorgen muss.

Heike ist von dem herrlichen Park begeistert. Er fügt sich so selbstverständlich in die Landschaft, beruhigt das Auge und lädt doch immer wieder zum genaueren Hinschauen ein. Sechs große Pflanzenflächen werden von einem Wegkreuz getrennt. Die beiden Kreuzungspunkte sind einerseits als Rundbeet und andererseits als Brunnen mit Wasserspiel gestaltet. Die Beetumrandungen bilden Buchsbaum oder Liguster. Trotz seiner strengen architektonischen Anlage wirkt der Garten einladend und fast romantisch, zumal ein weiterer Teil der Parkanlagen nach englischem Vorbild als Landschaftsgarten gestaltet ist. Er symbolisiert ein Stück idealer Landschaft, so wie sie den englischen Vorbildern nachempfunden wurde.

Bevor wir das Herrenhaus erreichen, biegen wir zum gut sortierten Bioladen und Restaurant ab. Sabine von Estorff bespricht mit dem Koch gerade das Menü für die Hochzeitsgäste. Heike ist beeindruckt: Welches Restaurant hat schon einen eigenen Lebensmittelladen – und dann auch noch echt Bio! Sabine von Estorff ist in ihrem Element: »Wir möchten unseren Gästen eine möglichst transparente Produktionskette zeigen. Wer sehen möchte, wie wir unsere Tiere halten, wo unsere Kartoffeln und unser Getreide wachsen, der kann sich umsehen und uns auch fragen.« Christian von Estorff ergänzt: »Für uns ist das auch wichtig: Denn es gibt immer mehr Verbraucher, die wissen möchten, wo die Lebensmittel herkommen, wie sie produziert und verarbeitet werden. Deshalb gefällt mir auch eure »Landpartie« so gut. Da erlebe ich genau das, was ich auf unserem Hof mache.«

Wir gehen weiter ins Restaurant. Ein überaus angenehm gestalteter Raum, der eher an ein großes Speisezimmer als an ein Restaurant erinnert. Viele liebevoll gestaltete Details erhöhen den Charme. Aus den Fenstern geht der Blick über die Veranda hinaus in den herrlichen Park. Immer mehr Gesellschaften buchen das Restaurant. Aber auch Tagesgäste, darunter viele Stammkunden, kommen wegen der guten Küche, des selbst gebrauten Bieres und des leckeren Biokuchens vorbei.

Der Koch hat seine »Einkäufe« inzwischen gemacht und Heike fängt ihn vor der Küche ab. Sie möchte wissen, was er seinen Gästen heute anbietet. Auf jeden Fall »regionale Esskultur«, zu diesem Kreis von Gastronomen gehört der Koch. »Probieren Sie doch mal!«, lädt uns Christian von Estorff zu einem kleinen Buffet mit regionalen Spezialitäten ein. Ulrich Koglin meint nur, dass er noch nie so angenehm biogesündigt habe. Wir geben ihm Recht – alle! Die Gastronomie von Estorffs hat sich der europäischen Initative »Culinary Heritage« (Kulinarisches Erbe) angeschlossen. Und es ist wirklich regionale Küche auf höchstem Niveau.

Die Hochzeitsgesellschaft fährt vor. Keine Hektik, keine Eile, es geht, wie schon den ganzen Morgen, ruhig und gelassen zu. Christian von Estorff scheint wirklich immer alles im Griff zu haben. Solch eine Trauung in diesem Ambiente ist auch für Nicht-Familienmitglieder ein bewegender Augenblick. Es scheint eine kleine Reise in die Vergangenheit zu sein.

Nach der Trauung gibt es Glückwünsche, der bestellte Fotograf nutzt die wunderschönen Motive des Parks, um das Brautpaar ins richtige Licht zu rücken. Für uns wird es Zeit, weiter zu fahren. Der nächste Termin wartet.

Rittergut Barnstedt
Hauptstraße 30
21406 Barnstedt
Telefon 0 41 34 / 2 14
Telefax 0 41 34 / 88 31
E-Mail info@rittergut-barnstedt.de
www.rittergut-barnstedt.de

Ein Hoch auf die Kartoffel

Was wäre ein Besuch in der Heide ohne Heidekartoffeln? Christian von Estorff hat uns Claus Meyer-Bornsen in Bornsen empfohlen – kein Biobauer, aber einer, der mit Begeisterung und viel Engagement Heidekartoffeln anbaut und vermarktet. Heike thront in kürzester Zeit auf einem hoch modernen Kartoffelroder, um mit Claus Meyer-Bornsen Steine zu sammeln.

Claus Meyer-Bornsens Hof gehört zu einer Betriebsgemeinschaft, die über 260 Hektar bewirtschaftet und davon 70 Hektar mit Kartoffeln bepflanzt. Gemeinsam können sie die teuren Maschinen besser ausnutzen und auch öfter in neue Maschinen investieren, schließlich kostet allein der Kartoffelroder gut 80.000 Euro. Leider ist der Begriff »Heidekartoffel« nicht geschützt. »Das wäre für die Vermarktung sicherlich besser! Die Lüneburger Heide gehört schließlich zu den größten Kartoffelanbaugebieten Deutschlands«, erläutert Claus Meyer-Bornsen. »Und ihre Güte ist erstklassig. Sie wächst etwas langsamer und hat hier in der Heide den idealen Boden, um ihren Geschmack voll zu entwickeln.« Heike nimmt einige Kartoffeln und lässt sie durch die Hände gleiten. »Ich finde, dass sie sich irgendwie verändert haben. Früher, wenn ich zu Hause Kartoffeln schälen musste, waren sehr viele dabei, die so richtig verwachsen waren. Die blieben dann auch immer bis zum Schluss im Kartoffelkorb, weil sie so schlecht zu schälen waren.« Meyer-Bornsen bestätigt, dass »die heutigen Sorten »verbraucher-

Rund 70 Hektar hat Claus Meyer-Bornsen mit Kartoffeln bepflanzt.

Ein Hoch auf die Heidekartoffel! In diesem Kartoffelsilo lagert Claus Meyer-Bornsen die Ernte.

freundlich« gezüchtet worden sind.« Aber es gibt noch Unterschiede: Die festkochenden Kartoffeln sind meist länglicher und die etwas mehligeren sind runder.« Aber warum eine etwas mehligere Kartoffel »vorwiegend festkochend« genannt wird, können wir leider nicht klären. Heike erfährt jedoch, dass es über 120 verschiedene Kartoffelsorten in Deutschland gibt und jedes Jahr sogar eine neue hinzu kommt. Zwischen 10 und 25 Kartoffeln hängen je nach Sorte an einer Staude. Plötzlich entdeckt Heike kleine, grünliche Kartoffeln zwischen dem abgestorbenen Kraut: »Was ist das denn?«

Landwirt Meyer-Bornsen warnt: »Aufgepasst, die sind giftig. Das ist die Kartoffelfrucht, die aus den Blüten entstanden ist. Mit ihr kann man auch Kartoffeln vermehren«, und zeigt uns in der zerteilten Frucht die Samenkörner. Nach dieser kleinen Kartoffelkunde fahren wir zum Lager. Alles dreht sich um die Kartoffel. Die wird äußerst pfleglich behandelt. Selbst große Maschinen wie der Kartoffelroder sind so konstruiert, dass möglichst wenig mit der Ackerfrucht passiert. In der Sortierung werden nur schonende Methoden eingesetzt, damit die Kartoffeln keine Druckstellen oder gar Verletzungen bekommen. Wer denkt schon beim Einkauf darüber nach, wie viel Vorarbeit, Zeit und Geduld unsere Landwirte aufbringen, um uns so hochwertige Ware liefern zu können.

Zum Schluss möchten wir natürlich gerne einige Kartoffeln probieren und so lädt uns Claus Meyer-Bornsen in seinen Garten ein. Wir probieren die Sorten Satina, die wir vorher geerntet hatten, dann Afra und Cilena, dazu gibt es einen satten Schlag Quark. Ein Festmahl, bei dem wir erfahren, dass die Familie Meyer-Bornsen bereits seit über 600 Jahren auf dem Betrieb wirtschaftet!

Heidebauer GmbH
Claus H. Meyer-Bornsen
Meyerhof Bornsen
Am Kronsberg 4–12
29553 Bienenbüttel
Telefon 0 58 23 / 12 53
Telefax 0 58 23 / 61 19
E-Mail meyer-bornsen@t-online.de
www.heidebauern.de

Auf zur Kartoffelprobe: Über 120 Sorten Kartoffeln gibt es in Deutschland!

Foto: Ingo Wandmacher

So sieht es in der Oldendorfer Mühle aus.

Ein Engel in der Mühle

Andreas Engel ist ein starker Typ, einer, der weiß, was er will! Während der Recherchen in der Nordheide hörte ich von mehreren Landwirten, dass wir auf jeden Fall bei Andreas Engel drehen sollten – vorausgesetzt, er wäre damit einverstanden. Ein schwieriger Fall, dachte ich, und machte mich auf den Weg. Die Sonne schien, es war angenehm warm und die Landschaft zeigte sich in weichen Farben. Ich kam aus Salzhausen und bog kurz vor dem Ortsende links ab. Keine 200 Meter weiter sah ich die Mühle am rauschenden Bach. Eine Idylle gleich neben der Straße. Andreas Engel kam gerade aus dem Haus, als ich den Wagen abschloss. Irgendwie hatte ich durch den Respekt der Landwirte, die mich zu ihm geschickt hatten, ein völlig falsches Bild. Der Müller strahlte sehr viel Ruhe und Gelassenheit aus. Sein Humor war fein, aber durchaus treffend. Er zeigte mir die Mühle und auch seinen landwirtschaftlichen Betrieb. Dann verabredeten wir den Drehtermin.

Jetzt fahren wir mit drei VW-Bussen auf seinen Hof. Wieder scheint die Sonne, die Temperaturen sind mehr als angenehm und ein leiser Wind weht übers Land. Andreas Engel kommt uns schon entgegen. Wir setzen uns zur Vorbesprechung in eine Laube, die gleich neben dem Bach steht. Die Oldendorfer Mühle ist in der ganzen Region übrigens die einzige, die noch heute in Betrieb ist. 1886 gründete August Müller die Mühle und kämpfte schon damals gegen harte Konkurrenz. Die Lage an der Luhe half ihm. Er betrieb die Mühle nicht mit einem Wasserrad, sondern schon damals mit zwei Turbinen. Das Korn wurde auch nicht mit einem Mühlstein, sondern mit Walzen zermahlen. Jetzt sind wir alle neugierig und Andreas Engel macht eine kleine Führung nur für uns.

Heike hat inzwischen den Buchweizen entdeckt, den Andreas Engel auf

Allerlei Brotsorten – das Mehl produziert Andreas Engel in seiner Oldendorfer Mühle.

einer kleinen Fläche anbaut. Sie lernt, dass Buchweizen nicht zu den Getreidesorten zählt, obwohl der Name es vermuten lässt. Der Buchweizen gehört zu den Knöterichgewächsen und war früher das »Korn« der armen Leute, die Buchweizengrütze oder Buchweizenpfannekuchen aßen. Nach dem Krieg geriet der Buchweizen in Vergessenheit, doch Andreas Engel hat für uns auf einem Tisch verschiedene Sorten Mehl aufgebaut. Hauptsächlich Roggenmehle, die unterschiedlich gemahlen wurden, sei es für Vollkornbrot, Graubrot oder für das Schwarzbrot. »Es gibt doch gar kein schwarzes Mehl!« wundert sich Heike. »Während des Backens karamellisiert das Mehl und sorgt so für die dunkle Farbe«, erklärt Andreas Engel. Heike probiert einige Brote, die mit dem Mehl der Mühle gebacken wurden – frisch von Bäcker Müller aus Oldendorf. Sie sind sehr schmackhaft und so gar keine Standardware. Und dann kommt Andreas Engel mit der Überraschung – einer Buchweizentorte. Ein Gedicht! Durch den Buchweizen ist die Torte nicht zu süß und verbindet sich hervorragend mit der Sahne und den Preiselbeeren. Keine zehn Minuten später ist von der Torte nichts mehr zu sehen! Eine Spezialität, die es auf Vorbestellung beim Bäcker Müller gibt.

In der Mühle drehen wir die verschiedenen Arbeitsgänge des Roggenmahlens und wenden uns dann dem landwirtschaftlichen Betrieb von Andreas Engel zu. Er hat Schweine – Neulandschweine. Heike packt eine Forke, steigt in eine Schweinebucht und beginnt kurzerhand mit dem Misten. »Neulandschweine«, so erfahren wir, »werden nach ganz strengen Richtlinien gehalten. Dazu gehört, dass sie Auslauf haben und auf Stroh stehen müssen.« Hinter diesen Richtlinien stehen verschiedene Verbände wie der B.U.N.D oder der Tierschutzbund. »Vor etwa 15 Jahren haben wir Landwirte uns mit diesen Verbänden an einen Tisch gesetzt und gefragt, wie denn eine tiergerechte Schweinehaltung aussehen müsste, mit der wir auch noch Geld verdienen können. Dabei ist ein ganz schön langer Kriterienkatalog heraus gekommen.« Dennoch sind das keine Bioschweine, weil sie zum Beispiel nicht nur mit Biofutter versorgt werden. »Aber in der art- oder tiergerechten Haltung sind wir weiter als die Bioverbände! Wir dürfen nur eine bestimmte Anzahl an Tieren haben; es ist verboten, den Schweinen die Schwänze zu kupieren; jedes Schwein bekommt eine bestimmte Mindestfläche im Stall, wie auch im Außenbereich. Die Schweine dürfen nicht auf so genannten Spaltenböden stehen …«

Ob das die Kunden honorieren, will Heike nun wissen. »Immer mehr!«, sagt Herr Engel, »ach so, fast hätte ich es vergessen: Sie dürfen auch nicht zu weite Transportwege zum Schlachthof haben, maximal drei Stunden sind erlaubt. Damit ersparen wir den Tieren nicht nur viel Stress, sondern bieten unseren Kunden auch eine bessere Fleischqualität. Sie können ein Tier noch so gut halten, wenn es bei der Schlachtung Stress hat, wirkt sich das auf die Fleischqualität negativ aus.« Wir erfahren, dass die Neulandschweine aus der Heide im Schlachthaus Vogler geschlachtet werden. Der Betrieb ist vor einigen Jahren vom Landwirtschaftsministerium in Hannover ausgezeichnet worden – mit einem Tierschutzpreis! Das sei nur auf den ersten Blick widersinnig, ergänzt Andreas Engel. Die Ställe sind jetzt ausgemistet, Heikes Arme schmerzen – wir können weiter fahren.

Heike Götz mistet den Schweinestall auf dem Neulandhof bei Andreas Engel aus.

Oldendorfer Mühle
Mühlenweg 1
21385 Oldendorf
Telefon 0 41 32 / 3 42
Telefax 0 41 32 / 84 22

Schonend schlachten

Im Wendland, auf dem Weg von Lüchow nach Bergen, liegt der Schlachthof Vogler. Familie Vogler hat sich viel einfallen lassen, damit die Schweine so schonend wie möglich geschlachtet werden. Beim Abladen achtet geschultes Fachpersonal darauf, dass die Tiere weder mit Stöcken noch mit Elektrotreibern in das Schlachthaus gebracht werden. Alle Metalltore und -türen sind mit Gummipolstern versehen, damit unnötiger Krach vermieden wird. Ein ausgeklügeltes Lichtsystem lenkt die Schweine, sodass sie nach dem Abladen kaum noch getrieben werden müssen. Der gesamte Bereich bis zur Betäubung ist mit grünen Fliesen ausgestaltet, weil sie eine beruhigende Wirkung auf die Tiere haben. Sogar Ruhepausen werden genau eingehalten. Die gesamte Schlachtung läuft im Schlachthof Vogler

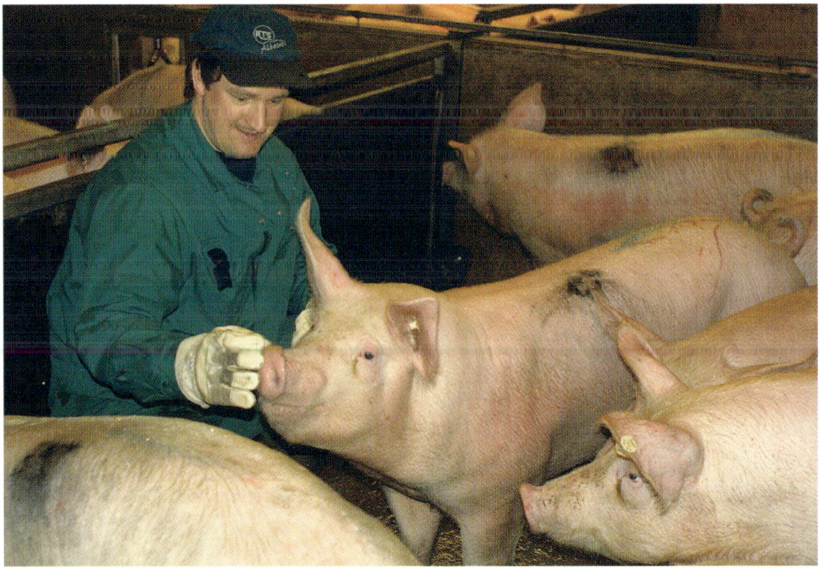
Foto: Ingo Wandmacher

Auch wenn es gleich zum Schlachten geht – der Erstkontakt ist sanft und freundlich.

sanfter und für alle Beteiligten stressfreier ab als in herkömmlichen Schlachtbetrieben.

Schlachthof Vogler
29487 Luckau
Inhaber: Karl-Heinz Vogler
Telefon 0 58 41 / 97 58-0
Telefax 0 58 41 / 97 58-18
E-Mail vogler-Fleisch@t-online.de
www.vogler-fleisch.de

Mal die Sau rauslassen

Sie ist leider vorbei – aber als wir die Landpartie drehten, lief in Lüneburg eine Straßenausstellung, die tausende Touristen anzog: Die Lüneburger Salzsauen. Überall standen bunt bemalte Säue herum. Das war eine sehr wirksame Werbeidee der Stadt Lüneburg. 157 lebensgroße Kunststoffsäue fanden ihren festen Platz in der City. Insgesamt 80 Künstler zwischen Lüneburg und Australien hatten die Säue gestaltet. Da gab es die Zebrasau, das Tauschschwein oder die Dominasau. In einer öffentlichen Auktion wurden die »Schweinereien« schließlich versteigert, und so kann der Besucher auch heute noch diverse Tiere im Stadtbild entdecken. Wir haben uns jedenfalls abends auf

Auch eine Sau will mal schick sein! Bei der Lüneburger Straßenausstellung »Salzsauen« ließen 80 Künstler ihrer Phantasie freien Lauf.

Sauensuche begeben und auch Fernsehschweine entdeckt. Warum Lüneburg aber auf die Sau gekommen ist, haben wir – nach den Dreharbeiten – im »Mälzer« bei Andreas Wiegmann erfahren.

Lüneburg Marketing
Am Markt/Rathaus
21335 Lüneburg
Telefon 0 41 31 / 2 07 66-20
Telefax 0 41 31 / 2 07 66-44
www.lueneburg.de

Mälzers feine Biersoße

Heike kommt standesgemäß im Koch-Outfit in die Küche des Mälzer, dem Brau- und Tafelhaus in der Heiligengeiststraße in Lüneburg. Mit Dieter Dittmer wollen wir einen Jungschweinrücken in einer »Mälzer Biersoße mit Backpflaumen« zubereiten. Das Bier kommt natürlich aus der eigenen Brauerei. Während Heike Karotten klein schneidet, kommt sie noch einmal auf die Sauen zurück – und zwar auf die ausgestellten, denn das Ganze war nicht nur ein Werbegag. »Lüneburg ist durch Sauen reich geworden!« Dieter Dittmer lässt Salz durch seine Finger auf den Schweinerücken rieseln. »Sau und Salz! Die Legende sagt, dass einst Jäger Wildsauen jagen wollten. Dabei waren einige der erlegten Sauen nicht schwarz, sondern fast weiß. Die Jäger stellten erstaunt fest, dass die Sauen eine dicke Salzkruste hatten. Also, schlossen sie daraus, muss in irgendeinem Schlammloch, in dem sich die Sauen suhlen, Salz sein. Bald war der erste Salzstock gefunden und Lüneburg wurde zu einer reichen Stadt.« Die Sache mit dem Salz hätten wir. Doch was ist mit Bier?

Im Mälzer sind die Kupferkessel in der Gaststube keine Dekoration für die Gäste, sondern das Herz der eigenen Bierproduktion. Neben dem dunkleren Bier bietet das Mälzer Brau- und Tafelhaus noch Pils, Hefeweizen, sowie Mai- und Doppelbock, je nach Jahreszeit, aus eigener Produktion an. Das Besondere ist: Alle

Foto: Ingo Wandmacher

Ein Abstecher in das Brau- und Tafelhaus „Mälzer“ lohnt sich. Hier wird das Bier noch selbst gebraut.

Rezept:

Jungschweinrücken in Mälzer Biersoße
Für 4 Personen

Zutaten
ca. 1 kg Schweinerücken mit Knochen
8 Scheiben durchwachsener Speck
ca. 400 g grüne Bohnen
ca. 1 kg Kartoffeln
ca. 200 g Backpflaumen
1 Bund Suppengrün
1 Zweig Thymian
1,5 Liter Mälzer dunkel oder Altbier
Butter
1 kl. Becher Creme fraîche
Salz, Pfeffer, Muskat.

Zubereitung
Die Bohnen putzen und blanchieren – in Eiswasser abschrecken. Die Speckscheiben halbieren und Bohnenbündchen wickeln. Kartoffeln kochen, abgießen und zugedeckt warm stellen. Den geputzten Schweinerücken mit Salz und Pfeffer würzen und im Bratentopf von allen Seiten anbraten. Das kleingeschnittene Suppengemüse kurz mit anrösten, dann das Fett abgießen und das Fleisch mit dem Bier ablöschen, Backpflaumen hinzugeben und im Ofen ca. 15–20 Minuten schmoren und mehrmals übergießen. Die Bohnenbündchen ca. 2–3 Minuten im Bratentopf mit schmoren lassen. Fleisch mit Bohnen aus dem Topf nehmen und warm stellen. Den Saucensatz pürrieren und den Thymian vorher heraus nehmen. Eventuell mit Bier auffüllen. Nach Geschmack Pflaumenmus einrühren, bis die Sauce leicht sämig wird. Die Kartoffeln mit Muskat, Butter und Creme fraîche abschmecken.

Guten Appetit!

Biere sind Bio-Biere. Die Braugerste für das Mälzer wird sogar vor der Haustür, nämlich in der Heide, angebaut und auch das Lüneburger Wasser ist über die Stadtgrenzen hinaus für seine hervorragende Qualität bekannt.

1997 haben Andreas Wiegmann und seine Freunde das Gebäude übernommen und das Mälzer Brau- und Tafelhaus daraus gemacht. Das Konzept der Betreiber ist aufgegangen. Sie wollten ein Lokal, in dem sich alle Generationen wohl fühlen. »Früher«, erzählt Andreas Wiegmann, »soll es in der Heiligengeiststraße über 40 Brauereien gegeben haben. Das Mälzer ist die einzige, die geblieben ist. Viele Kunden kommen übrigens wieder, wie früher, mit dem eigenen Krug, um sich ihr »Gute Nacht Bier« abzuholen.«

Übrigens wird im Mälzer Neulandfleisch verarbeitet. » Das Neulandkonzept passt gut zu unserem Konzept«, erläutert Andreas Wiegmann, »wir möchten unseren Gästen Qualität bieten, ohne dabei belehrend sein zu wollen. Mit Neuland haben wir Partner gefunden, die das ähnlich sehen. Für uns und unsere Gäste ist es ein gutes Gefühl, wenn man sich mal ansehen kann, wo denn die Schweine herkommen, die wir hier zubereiten.

Mir scheint, dass es immer mehr Kunden gibt, die das regionale Angebot wieder entdecken. Dafür sind sie auch bereit, etwas mehr zu zahlen!« Wie aufs Stichwort kommt Koch

Dieter Dittmer und serviert den Jungschweinerücken. Heike hat es gut, sie darf schon wieder essen!

Und fürs Nachkochen empfehlen wir Ihnen Neulandfleisch aus tiergerechter Haltung! Guten Appetit wünscht Ihnen das Mälzer-Team!

Mälzer Brau- und Tafelhaus
Heiligengeiststraße 43
21335 Lüneburg
Telefon 0 41 31 / 4 77 77
Telefax 0 41 31 / 4 78 87
E-Mail info@maelzer-brauhaus.de
www.maelzer-brauhaus.de

Tarzan und die Vollblüter

Am nächsten Morgen sind wir im Gestüt Park Wiedingen mit Baron Helmut von Finck und seinem Gestütsleiter verabredet. Wir kommen gut eine halbe Stunde zu früh an. Außer einigen Pferden auf den verschiedenen Weiden sehen wir niemanden. Dieter Hartwigsen, unser Aufnahmeleiter, startet durch und ist für zehn Minuten verschwunden. Wir genießen noch ein wenig die Morgensonne, derweil die Assistenten die Kameras vorbereiten. Dann ist Dieter plötzlich wieder da. Der Gestütsleiter, erklärt er kurz, ist nach Hannover gefahren, um den Baron vom Flughafen abzuholen. Keiner von uns hört Dieter richtig zu, denn wir starren alle gebannt auf seine Schulter. Da sitzt nämlich ein Papagei! »Das ist Tarzan,« sagt Dieter ganz nebenbei. »Als ich zu den Ställen ging, saß der Papagei da und ein Angestellter meinte, dass Tarzan mit zum Gestüt gehört.« Tarzan flattert von Dieters Schulter auf einen Baum, krächzt und landet mit Karacho vor meinen Füßen, beißt kurz zu und verzieht sich auf Heikes Schulter.

Baron von Finck und Gestütsleiter Klaus Martin fahren gerade vor und erklären Tarzans Heimattreue. »Warum sollte er wegfliegen? Er fühlt sich hier wohl, hat jede Menge Natur um sich herum und bekommt jeden Tag seine Lieblingsspeisen«, erzählt Klaus Martin. Er hat den Papagei aus

Ob er sich auch von Liane zu Liane schwingt? Papagei »Tarzan« vom Gestüt Wiedingen hat es Heike nicht verraten!

dem Vogelpark Walsrode bekommen und lässt ihn seit Jahren frei fliegen. Bisher ist Tarzan immer von seinen Ausflügen zurückgekehrt. Als wolle er das bestätigen, nickt der Papagei auf Heikes Schulter heftig mit dem Kopf.

Mit Baron von Finck geht es nun einmal rund ums Gestüt. Aber stilvoll, in einer Kutsche! Angespannt ist kein edles Vollblut, sondern Rudi Rasmus, ein Schwarzwälder Fuchs. »Rudi«, erzählt Klaus Martin, »hat mir so gut gefallen, dass ich ihn gleich kaufen musste. Er ist ein Deckhengst und testet auf dem Gestüt die Rossigkeit der Stuten.« Glücklicher Rudi: Damit er auch mal zum Zuge kommt, deckt er etliche Kaltblutstuten in der Heide. Rudi macht vor der Kutsche eine überaus gute Figur. Der kraftvolle Kaltbluthengst wiehert zur Begrüßung, wölbt stolz den mächtigen Hals mit der ebenso mächtigen Mähne. Baron von Finck, ganz Gentleman, führt Heide mit Tarzan zur Kutsche. Auf den Polstern haben es sich bereits zwei Jack-Russel-Terrier gemütlich gemacht. Klaus Martin steigt auf den Kutschbock, wo bereits Jens Georg Müller, unser erster Kameramann, sitzt. Kamera ab und los gehts.

Es ist unüberhörbar, Baron von Finck kommt aus Süddeutschland. Heike möchte wissen, was ihn in den hohen Norden gebracht hat. »Meine Mutter ist Norddeutsche, also war mir der Norden nicht fremd. Aber der eigentliche Grund war die Vollblutzucht. In Süddeutschland werden mehr Traber gezogen, in Norddeutschland mehr Vollblüter. Dann wurde mir dieses Gestüt angeboten und ich konnte nicht widerstehen. Für mich ist es ein kleines Paradies. Es war Liebe auf den ersten Blick!« Wir glauben dem Baron jedes Wort. Das Gestüt hat wirklich etwas paradiesisches. Satte Weiden und tiefe Wälder wechseln sich ab. Die schönen Gebäude sind hervorragend in die Landschaft integriert. Alles strahlt eine Großzügigkeit aus, ohne

Wie schmeckt eigentlich eine Kamera? Nicht gerade fernsehscheu zeigen sich die Vollblüter vom Gestüt Wiedingen!

Foto: Ingo Wandmacher

Auf der naturnahen Rennbahn des Gestüts Wiedingen fliegen die anmutigen Rennpferde nur so dahin!

auch nur im Geringsten protzig zu wirken. Das Gestüt ist für Pferde geschaffen und sie sind auch stets der Mittelpunkt aller Betrachtungen. Als überaus angenehm empfinden wir es, dass auch Helmut von Finck eine natürliche Bescheidenheit ausstrahlt. Er ist ein wirklicher Pferdemann.

Die Vollblüter verbringen die meiste Zeit im Freien. Denn dann kommen sie mit dem anstrengenden Geschäft des Rennsports viel besser klar. Übrigens gehört zum Gestüt auch eine eigene Rennbahn. Hier werden Pferde trainiert, die wegen Krankheit aus der Rennsaison genommen wurden und nun wieder genesen sind, oder die Bahn wird als Übungsstrecke für die Jungpferde genutzt. Als wir ankommen, macht gerade ein Rappe sein Morgentraining. Klaus Martin fährt mit der Kutsche auf die Rennbahn und Rudi Rasmus, der Kaltbluthengst, will es gleich mit dem Rappen aufnehmen. Er galoppiert los. Das edle Pferd hält sich eine Weile vornehm an Rudis Seite und gibt dann Gas. Rudi ist chancenlos, aber er hat den guten Willen gezeigt.

Es sind Traumbilder, die wir an dieser naturnahen Rennbahn sehen. Mit einer unglaublichen Leichtigkeit erhöht das Pferd das Tempo, bis es fast zu fliegen scheint. Seine Bewegungen sind dabei voller Eleganz und Schönheit. Es scheint mit der Natur eins zu werden. »Verstehen Sie, warum ich die Vollblüter so liebe?«, fragt Helmut von Finck Heike und lässt dabei keine Sekunde den Blick von seinem Pferd. »Vor 15 Jahren habe ich mein erstes Vollblut auf einer Auktion in Baden Baden gekauft. Seitdem bin ich ein begeisterter Züchter.«

Inzwischen besitzt der Baron etwa 15 Stuten mit Fohlen und dazu noch die Jährlinge. Ingesamt sind das ungefähr 40 Pferde. Die übrigen Pferde hat Helmut von Finck in den Rennställen untergebracht, wo sie auf die Rennen vorbereitet werden. »Besuchen Sie auch die Rennen?«, möchte

Heike wissen. Die Antwort des Barons ist klar: »Alle, in denen meine Pferde laufen. Ich kenne jedes meiner Tiere und es ist ein unwahrscheinlich gutes Gefühl, wenn ein Pferd gewinnt. Es geht nicht um das Geld, es geht um den Lohn der Arbeit. Ich suche für meine Pferde die passenden Trainer und die passenden Jockeys. Die Chemie muss stimmen, sonst sind keine Höchstleistungen möglich.«

Der Vollblutrappe läuft mittlerweile das zweite Mal an uns vorbei. Rudi Rasmus ignoriert ihn einfach und galoppiert in seinem Tempo weiter. Heike möchte wissen, ob Vollblüter eine eigene Pferderasse sind. Der Baron ist jetzt vollkommen in seinem Element: »Die Vollblutzucht geht auf drei nach England importierte Hengste zurück. Sie hießen Darley Arabian, Godolphin Barb und Beyerley Turk. Diese Hengste wurden Anfang des 18. Jahrhunderts mit englischen und orientalischen Stuten gekreuzt. Aus ihnen entstanden die Urväter und -mütter des englischen Vollbluts. Daneben gibt es noch das Arabische Vollblut. Es ist aber nicht so schnell und auch nicht so groß. Das Englische Vollblut gilt als »thorough bred«, was so viel bedeutet wie vollkommen durchgezüchtet. In vielen anderen Pferderassen wurden dann auch zur »Veredelung« Vollblüter eingesetzt. Es gibt keine deutsche Warmblutrasse, in der es nicht mehr oder weniger hohe Vollblutanteile gibt. Die Zucht ist noch heute sehr streng und wird nach wie vor über das englische Gestütsbuch kontrolliert. Künstliche Besamung ist verboten. Der Hengst muss immer noch zur Stute. Es mag umständlich und nicht zeitgemäß erscheinen, aber dadurch ist eine viel wirksamere Kontrolle über die Zucht möglich. Ein Hengst kann eben nicht mit dem Natursprung gleich einige hundert Stuten schwängern! Ein Schwarzmarkt mit wertvollem Hengstsamen ist daher fast nicht möglich. Nach meiner Ansicht ist das ein vernünftiges System.«

Rudi Rasmus wird müde und fällt in den Schritt zurück. Wir verlassen die Bahn und fahren zu einer Koppel, auf der einige Stuten stehen. Als sie uns sehen, traben sie neugierig los. Dann verfällt die erste in einen schwebenden Galopp, die anderen folgen. Keiner von uns sagt etwas. Mit großen Augen begleiten wir die Anmut dieser Tiere.

Eine halbe Stunde später verabschieden wir uns von Baron von Finck, Klaus Martin, Rudi Rasmus und natürlich von Tarzan. Ab gehts nach Amelinghausen.

Gestüt Park Wiedingen
Büro Helmut von Finck
Wimmerstr. 8
81927 München
Telefon 0 89 / 9 28 78 50
Telefax 0 89 / 91 23 64
E-Mail HVFbuero@t-online.de
www.helmut-von-finck.com

Klotzen, nicht kleckern

Mitten im Ort und doch ein kleines Paradies für sich ist der Bauckhof. Er wird nach Demeter-Richtlinien, also biologisch-dynamisch, bewirtschaftet. Michaela Weber, eine geborene Bauck, unterrichtet auf dem Bauckhof gerade eine Dortmunder Schulklasse. »Der Bauckhof bietet landwirtschaftliche Praktika an, damit die Jugendlichen einmal sehen, wie ihre Nahrung entsteht. Sie bleiben eine Woche hier und müssen aber auch mit anpacken.«

Michaela erzählt uns, dass ihr Großvater bereits 1932 mit dem biologisch-dynamischen Landbau nach

Foto: Ingo Wandmacher

Bei einem Praktikum auf dem Bauckhof erkennen die Jugendlichen, wie viel Arbeit in der Lebensmittelzubereitung steckt.

Rudolf Steiner begann. Zu dieser Wirtschaftsweise gehört es auch, dass die Höfe einen geschlossenen Betriebsorganismus bilden. Das Futter für die Tiere wird auf dem eigenen Hof genauso angebaut wie Getreide und Gemüse. Der Mist aus den Ställen sichert die Bodenfruchtbarkeit. Dabei hat die Rinderhaltung einen sehr hohen Stellenwert, weil der Rindermist wesentlich hochwertiger ist als der von Schweinen oder Geflügel. 1969 entschloss sich Familie Bauck, ihre Betriebe in gemeinnützige Gesellschaften umzuwandeln. Damit wollten sie sicherstellen, dass nicht ein späterer Besitzer die Wirtschaftsweise umstellt oder gar die Bauernhöfe verkauft.

Die Klasse aus Dortmund wird zur Arbeit eingeteilt. Fünf Schüler sollen Schweine füttern, weitere fünf bringen die Kühe mit auf die Weide und der Rest soll bei der Karottenernte helfen. Wir begleiten die Kuhtreiber: Tim ist der Chef im Kuhstall. Er teilt die Jugendlichen ein. Das Stalltor geht auf und gemessenen Schrittes kommen über 40 Milchkühe heraus. Die Dortmunder Schüler stellen sich nicht ungeschickt an. »Die ersten Tage waren sie kaum zu begeistern«, sagt Tim, »aber mit jedem neuen Tag steigt ihre Entdeckungslust.«

Und, ja, das Vorurteil stimmt: Die meisten Jugendlichen, die ankommen, glauben wirklich, dass Kühe lila sind. »Sie haben vor allem Angst, was sie nicht kennen. Wenn sie sich zum ersten Mal die Finger dreckig machen, halten sie das für eine Katastrophe. Nach vier Tagen sieht die Welt dann ganz anders aus. Sie haben sich eingelassen – jedenfalls die meisten – und es ist einfach schön zu beobachten, wie sie mit der Natur, den Tieren und auch den Menschen plötzlich anders umgehen.«

Heike stürmt etwas vor, um sich auch mit den Jugendlichen zu unterhalten. Das frühe Aufstehen geht den meisten nach wie vor auf die Nerven, aber die Arbeit fängt an, Spaß zu machen. Ein Mädchen treibt selbstbewusst einige Kühe vor sich her. »Ich habe mir bisher nie Gedanken darüber gemacht, wieviel Arbeit in unseren Lebensmitteln steckt. Man geht doch normalerweise in den Supermarkt, meckert, wenn etwas teurer geworden ist, zahlt, geht nach Hause und futtert es auf. Wenn ich jetzt die viele Arbeit sehe, die mit einem Liter Milch verbunden ist, meine ich, dass sie im Supermarkt viel zu billig ist. Ich frage mich wirklich, was für die Bauern da an Geld übrig bleibt?« Auf eine Antwort wartet sie nicht, sondern treibt ihre Kühe weiter.

Heike fragt eine andere Schülerin, was denn der Unterschied zwischen einer Biokuh und einer konventionell gehaltenen sei. »Die hier tragen noch ihre Hörner. Die werden nicht abgebrannt. Und die Kühe vom Bauckhof bekommen nur Futter, das hier auch angebaut wurde«, sie überlegt einen Moment und ergänzt, »und die haben jeden Tag Ausgang – zur Weide, wenn Du verstehst, was ich meine.« Bald sind die Kühe auf der Weide und beginnen zu grasen. Wir kehren zum Hof zurück. Es ist erstaunlich, wieviele Menschen hier arbeiten. Eigentlich bemüht sich die Landwirtschaft ja, mit immer weniger Arbeitskräften auszukommen. Der Bauckhof scheint das Gegenteil zu machen. Zufällig treffen wir wieder Michaela. Wir fragen sie, ob wir mit unseren Beobachtungen richtig liegen. »Natürlich, der Hof ist dazu da, Menschen zu ernähren und zu beschäftigen. Deshalb standen wir auch nie vor der Frage, ob wir uns in einem Bereich spezialisieren sollten. Wir machen alles! Insgesamt bewirtschaften wir drei Höfe mit einer Gesamtfläche von 366 Hektar.« Wirklich interessant wird es aber erst, wenn wir uns anschauen, wie wir sie bewirtschaften. Auf etwa 50 Hektar baut der Bauckhof Klee und Gras an. 2,5 Hektar sind mit Dinkel bestellt, 13 Hektar mit verschiedenem Sommergetreide wie Hafer, Gerste und Erbsen. Auf 25 Hektar wurde Winter-Roggen gesät, auf 5,5 Hektar stehen Steckrüben, Runkeln sowie Mais, und auf 18 Hektar sind Kartoffeln gepflanzt. »Dann haben wir noch 10 Hektar mit Gemüse. 207 Hektar nutzt unser Vieh als Weide.«

Wir sind mittlerweile quer über den Hof gegangen. An einem Schuppen wird Holz gesägt. Zum Bauckhof, erfahren wir, gehört auch ein

Foto: Ingo Wandmacher

Zum Bauckhof gehören auch 146 Hektar Wald.

Foto: Ingo Wandmacher

Alles, was es im Hofladen zu kaufen gibt, ist aus der eigenen Produktion.

mobiles Sägewerk. Und damit sind wir beim Thema Wald. Zu den Bauckhöfen gehören auch insgesamt 146 Hektar Wald. Seit 1963 sind neben den üblichen Bäumen wie Kiefer, Birke und Faulbaum auch Feldahorn, Rot- und Schwarzerle, Linde, Ulme, Holunder und viele andere Arten gepflanzt worden. Es gehört zur Philosophie des Bauckhofes, dass viele Lebensräume erhalten und auch welche geschaffen werden. Dazu gehören zum Beispiel 11.500 Meter Hecke, die mit 24 verschiedenen Baum- und Straucharten gepflanzt wurden.

Wir erreichen den Hofladen. Neben den vielen Kunden sehen wir auch eine Gruppe der Dortmunder Jugendlichen, die gerade dabei sind, zwei Bollerwagen voll zu packen.

»Unser Mittagessen!«, erklärt Michaela. Sie wird mit dieser Gruppe, auch das gehört zum Praktikum, das Mittagessen kochen. Heute gibt es Gulasch mit gemischtem Salat und Kartoffeln – alles natürlich aus eigener Produktion. Heike möchte noch wissen, ob auch Erwachsene ein Praktikum auf dem Bauckhof machen können. Michaela erzählt: »Wir haben sogar Stammkunden, die jedes Jahr ihren Urlaub auf dem Hof verbringen und kräftig mit anpacken.« Statt dem bei Managern üblichen Überlebenstraining im Staatsforst oder Extremsport in der Wüste wäre die Arbeit auf dem Acker und mit den Tieren vielleicht auch für sie eine bessere Alternative. »Mit Sicherheit schlafen sie dann genauso gut und haben dabei noch die Gewissheit, etwas Vernünftiges gemacht zu haben!«

Leider können wir uns nur wenige Bereiche des Bauckhofs anschauen, die Zeit rennt uns einfach davon. Noch vor dem Essen verabschieden wir uns von Michaela, Tim und den Jugendlichen aus Dortmund.

Wir sind mit dem Apotheker aus Amelinghausen verabredet.

Bauckhof
Triangel 6, 21385 Amelinghausen
Telefon 0 41 32 / 91 20-0
Telefax 0 41 32 / 91 20-24
E-Mail info@bauckhof.de
www.bauck.de

Zuerst sammelt Jörg Albrecht Koch die Leute zusammen und dann die Kräuter! Bei der Kräuterwanderung erzählt er über die Heilkräfte der Natur.

Hopfen, Brennessel und Co.

Die Apotheke ist gleich zu erkennen, denn vor dem Eingang hat Jörg Albrecht Koch einen Kräutergarten angelegt. Sechs Frauen mit Körben warten schon. Wir stellen uns vor und erfahren, dass Herr Koch für eine Kundin noch etwas anrühren muss, erst dann hat er Zeit für uns. Gesundheit geht vor, und so schauen wir uns auch den kleinen, aber feinen Kräutergarten an. Von einer der wartenden Frauen erfahren wir, dass auch der Bauckhof über einen sehr großen Kräutergarten verfügt und dass sie früher häufig mit Herrn Koch dort hin gegangen sind.

Dann kommt der Apotheker und wir gehen mit den Frauen Richtung Wald. Nach gut 10 Minuten Fußweg erreichen wir ein sehr malerisches, nicht begradigtes Bachtal. Jörg Albrecht Koch hält an einem Weidenbaum, der sich weit über den Bach lehnt. »Unsere Vorfahren haben schon um die heilsame Wirkung der Weide gewusst. Sie haben die Rinde zerrieben und sie zur Schmerzbehandlung genutzt. Erst viel später fanden Chemiker heraus, dass die Weide Salicylsäure enthalt, was ja später als Aspirin weltweit bekannt wurde. Sie sehen, meine Damen, die Natur, und nicht der Mensch, hat die Heilkraft erfunden – wir machen sie uns nur nutzbar. Das hatte früher sehr viel mit genauer Beobachtung zu tun.«

Wir gehen weiter den Bach entlang, und Herr Koch entdeckt wilden Hopfen am Wegesrand. An einem Zaun schlängeln sich mehrere Triebe empor.

»Nehmen wir beispielsweise den Hopfen. Schon vor Jahrhunderten fiel es auf, dass die Bauern bei der Hopfenernte nach ein bis zwei Stunden schläfrig wurden. Die Zapfen schienen eine Substanz zu enthalten, die die Bauern müde machte. Daraufhin haben Frauen die Hopfenzapfen zerrieben und in Säckchen eingenäht. Alle, die unter Schlafstörung litten, hatten damit ein wirkungsvolles Mittel. Sie brauchten nur nachts auf dem Säckchen zu schlafen.« Sofort fangen einige der Frauen an, Hopfenzapfen zu pflücken. Es scheint doch viele zu geben, die Schlafprobleme haben. Der Hopfen ist da sicher ein besseres Mittel als Schlaftabletten.

Als nächste Station hat sich Jörg Albrecht Koch für ein Brennnesselfeld entschieden. Die von Gärtnern so verhasste Pflanze bietet eine Menge an Heilkraft. »Die Wurzeln«, erklärt Herr Koch, »wurden und werden bei gutartigen Prostataproblemen eingesetzt. Die Samen helfen bei Rheuma und die Blätter schmecken im Salat.« Heike ist tief beeindruckt. »Da wandert man nichtsahnend an einem Bach entlang und läuft dabei gleichzeitig durch den Arzneigarten der Natur!« Herr Koch bietet diese Kräuterwanderungen in regelmäßigen Abständen an. Und viele Frauen und auch Männer kommen gerne wieder. Es macht auch Sinn, sich bei einer solchen Tour nicht zu viel vorzunehmen. Erst mit einigen Kräutern beginnen und sich dann vorarbeiten. Es ist noch kein Heilkundler vom Himmel gefallen und Vorsicht und Wissen sind besonders in diesem Bereich unbedingt wichtig. Leider haben wir (mal wieder) zu wenig Zeit, um all das wirklich verarbeiten zu können. Jörg Albrecht Koch hat aber bei uns einen tiefen Eindruck hinterlassen. Selbst die Brennnessel in meinem Garten sehe ich heute mit ganz anderen Augen.

Kräuterwanderung
Tourist Info Amelinghausen
Lüneburger Str. 55
21385 Amelinghausen
Telefon 0 41 32 / 92 09 18
Telefax 0 41 32 / 92 09 16
E-Mail samtgemeinde-amelinghausen@t-online.de
www.amelinghausen.de

Traktoren und Traditionen

Es schnaubt, ächzt und dampft vor dem Eingang zum Museumsdorf Kiekeberg. 120 Oldtimer – genauer gesagt: Treckeroldtimer – haben sich angesagt. Allen voran ein Lanz Bulldog, der ungekrönte König der alten Landmaschinen. Es folgen Fendt, Hanomag und Deutz. Ein guter Teil unseres Teams bekommt glänzende Augen. Jens Georg Müller erzählt mir, dass er schon seit Jahren nach einem schicken Oldtimer Ausschau hält. Er hat ein Haus kurz vor Cuxhaven mit sehr viel Land. Ein betriebstüchtiger alter Trecker könnte ihm da schon eine Menge Arbeit abnehmen. Leider hat er bis jetzt noch kein passendes Objekt seiner Begierde gefunden.

Einige Oldtimer sehen fast so aus, als hätten die guten Stücke gerade das Fabriktor verlassen, anderen ist die jahrzehntelange Arbeit anzusehen. Bei den Traktorsammlern finden sich eben zwei verschiedene Philosophien, wie man mit den alten, guten

Im Freilichtmuseum Kiekeberg werden bäuerliche Traditionen bewahrt, alte Obst- und Gemüsesorten angebaut und Brot gebacken.

Stücken umgeht. Während Heike einen »Einführungskurs« in die Geschichte des Lanz Bulldogs bekommt, bauen wir die Kameras auf und drehen die Parade der alten Traktoren. Dabei treffen wir auch Stefan Kaiser vom Freilichtmuseum Kiekeberg. Er hat uns versprochen, für uns eine Führung zu machen.

Die Bauernhäuser, die hier wieder aufgebaut wurden, stammen ursprünglich aus der Winsener Elbmarsch und der Lüneburger Heide. Mit viel Liebe zum Detail sind sie eingerichtet. Man hat ständig das Gefühl, als sei die Bauersfamilie nur gerade mal außer Haus. Selbst Tassen und Gläser sind vorhanden. Wir sehen aber nicht nur alte Gehöfte, sondern auch Häuser von Handwerkern wie eine Schmiede, das Haus eines Stellmachers, eine Fischerkate und die Hütte eines Flickschusters. Alle Gebäude liegen inmitten von bewirtschafteten Gärten und Weiden, auf denen alte Viehrassen grasen.

Heike Götz hilft bei der Birnenernte im Freilichtmuseum Kiekeberg.

Stefan Kaiser lädt Heike zu einem alten Norddeutschen Gericht ein: Birnen, Bohnen und Speck. »Die Zutaten dafür gibt es im Obstgarten.« Da wartet die griese Birne, eine herrlich saftige alte Sorte. »Den Speck liefern uns die Schweine.« Das Borstenvieh hat dicke, dunkle Punkte. Es sind Bentheimer Schweine, eine alte Hausschweinrasse aus der Grafschaft Bad Bentheim. Die Tiere sind nicht nur zum Anschauen da, einige von ihnen werden auch geschlachtet und verwurstet. Die Wurst ist zu kaufen – allerdings nur solange der Vorrat reicht! Stefan Kaisers Spezialgebiet sind zweifellos die alten Obst- und Gemüsesorten.

Im Freilichtmuseum Kiekeberg werden jedes Jahr verschiedene alte Sorten gepflanzt, um ihren Fortbestand zu sichern. Mittlerweile finden sich aber immer mehr Hobby- und Profigärtner, die sich auch der Zucht dieser alten Sorten verschrieben haben. Stefan Kaiser zieht aber immer noch durch die Lande, um alte Gemüse- und Obstsorten zu finden. »In St. Petersburg fand ich eine alte Stachelbeersorte, die früher im Alten Land angebaut wurde.«

Mit Heike pflückt er heute Stangenbohnen, die »Türkische Erbsen« heißen. Über den Namen sind wir verwundert. Stefan Kaiser erklärt: »Als damals die Bohnen nach Norddeutschland kamen, waren die Menschen der Meinung, die Türken, die Wien belagerten, hätten sie mitgebracht. Hinzu kam, dass Bohnen nicht bekannt waren und sie deshalb für andere Erbsen, eben türkische Erbsen, gehalten wurden. In ganz Europa gibt es solche Beispiele. So heißt der Mais, der ja auch aus Amerika kommt, auf italienisch »granoturco«, also türkisches Getreide.« Inzwischen füllt sich der Korb mit den

Im Freilichtmuseum Kiekeberg leben noch die Bentheimer Schweine, eine alte Hausschweinrasse. Einige von den Schweinchen werden auch verwurstet!

Stangenbohnen. Alle Zutaten sind vorhanden, die ein leckeres »Birnen, Bohnen, Speck« ausmachen.

Als wir zum Restaurant kommen, ist das so typisch norddeutsche Gericht bereits zubereitet. Wie es zu dieser ungewöhnlichen Kombination eines Essens kam, weiß Herr Kaiser auch: »Früher wurde viel eingemacht und gepökelt, damit sich die Lebensmittel hielten. Zudem gab es in vielen Bauernhäusern auch nur eine Feuerstelle. Also musste man alles in einem Topf zubereiten, wenn man es warm essen wollte. Ich denke, dass die süßen Birnen dem Speck den strengen und oft salzigen Geschmack nahmen und die Bohnen ein ganz wichtiges Grundnahrungsmittel waren.«

Wahrlich eine spannende Reise durch die norddeutsche Landwirtschaftsgeschichte. Und wer sich dann noch für Technik interessiert, sollte auch unbedingt die Ausstellung zur Landtechnik besuchen. Was im Dorfe noch fehlt, meint Heike, ist eine Kirche.

»Nicht nur die«, antwortet Stefan Kaiser mit einem Lächeln, »es fehlt auch die Schule und die Schnapsbrennerei. Die hat es damals in jedem Dorf gegeben!«

»Gute Idee«, sagt Heike, »nach so einer üppigen Portion Birnen, Bohnen und Speck wäre das genau das Richtige!« Doch der Kiekeberg ist auch ohne Schnapsbrennerei nach unserem Gefühl einen ganzen Tag wert. Aber nun fahren wir weiter nach Fintel und haben uns in einer Mosterei verabredet. Die gab es auch früher in jedem Dorf – heute muss man sie suchen.

Freilichtmuseum am Kiekeberg
21224 Rosengarten-Ehestorf
Telefon 0 40 / 79 01 76-0
Telefax 0 40 / 79 26 46-4
E-Mail kiekeberg@t-online.de
www.kiekeberg-museum.de

Der Finkenwerder Herbstprinz

Drei mit Äpfeln vollgepackte Pkw stehen in der Hofeinfahrt. In der Mosterei von Uwe Engelmann in Fintel ist Hochbetrieb. Auf dem Hof treffen wir ihn, als er gerade einem Kunden hilft, den Wagen zu entladen. Vier Zentner Äpfel bringt der Mann. Heike gesellt sich dazu und stellt fest, dass es sehr unterschiedliche Apfelsorten sind.

Foto: Ingo Wandmacher

Unvergleichlich gut schmeckt der Saft der Apfelsorte »Finkenwerder Herbstprinz«!

»Das macht nichts«, erklärt Uwe Engelmann, »je mehr Apfelsorten in dem Saft sind, desto besser schmeckt er.« Noch einige Körbe – und schon ist das Auto entladen. Uwe Engelmann füllt einen Zettel aus und der Apfellieferant steigt in seinen Wagen und braust davon. Tatsächlich erhält jeder den Saft von seinen Äpfeln. Deshalb wird eine Kopie des Zettels an die Lieferung geheftet. In der Mosterei ist es angenehm kühl. Schwer und süß liegt der Duft der Äpfel in den Räumen. Heike bindet sich eine Schürze um und hilft dabei, die Äpfel ins Wasserbad zu schütten. Verwundert nimmt sie einen Apfel heraus, der einige braune Flecken hat. Uwe Engelmann beruhigt sie: »Das macht gar nichts. Die Flecken beeinflussen weder die Qualität des Saftes noch den Geschmack. Natürlich achten wir darauf, dass nicht zu viele faule Äpfel in der Lieferung sind, aber bisher ist das noch nie passiert. Weil wir die Ware sehr schnell verarbeiten, haben die Äpfel aber eigentlich keine Chance, schlecht zu werden.« Mit einer Förderschnecke wird die gewaschene Frucht in die Obstmühle transportiert und dann zerkleinert. Uwe Engelmann empfiehlt übrigens den Boskop sowie den Mostkönig unter den Äpfeln: Den Finkenwerder Herbstprinz. Leider wird diese Sorte nur noch sehr selten angebaut. Uwe Engelmann hat zum Glück noch einige Lieferanten. »Wenn ich Äpfel vom Finkenwerder Herbstprinz bekomme«, schwärmt er, «dann mache ich Saft nur von dieser Sorte. Er ist wirklich unvergleichlich. Eine Art Grand cru des Apfelsafts. Nachher werden wir ihn probieren. Aus der Obstpresse kommt zunächst der Apfelbrei, um dann gepresst zu werden. Nach der Presse kann Heike zum ersten Mal probieren. Naturtrüb fließt der Saft in eine Karaffe. »Warum wird nur so viel coffeinhaltige Limonade getrunken«, fragt sich Heike nach dem ersten Schluck, »dieser Apfelmost ist doch einfach sagenhaft!«

Der Saft wird erhitzt, damit er haltbar bleibt. So kann er zwei Jahre gelagert werden. Anschließend wird er in Flaschen abgefüllt. Der ganze Produktionsprozess hat nur knapp drei Stunden gedauert. In der Probierstube erfährt Heike noch, dass Uwe Engelmann auch Saft verkauft und ihn den Kunden sogar in einem Radius von 200 Kilometer nach Hause liefert. Und schon haben die meisten aus unserem Team ihre Bestellungen aufgegeben. Mit dem feinen Geschmack des Finkenwerder Herbstprinzen auf der Zunge, fahren wir zu unserer nächsten Adresse.

Mosterei Uwe Engelmann
Freudenthalstraße 44, 27389 Fintel
Telefon 0 42 65 / 7 03
Telefax 0 42 65 / 83 18

Rinderzüchter mit Porsche!

Es geht zu Marlene und Hermann Maack nach Lübberstedt. Christian von Estorff hatte uns den weit über die niedersächsischen Grenzen hinaus bekannten Rinderzüchter empfohlen. Wir haben Herrn Maack angerufen, und er war sofort mit unserem Besuch einverstanden. »Gut!«, sagte er am Telefon, »dann haben wir eben 120 Gäste. Bringt guten Appetit mit. Es gibt ganz großartiges Fleisch.« Ein Lockruf, dem natürlich keiner im Team widerstehen kann. Gegen 10 Uhr erreichen wir den »Schüttenhof« in Lübberstedt. Die Sonne scheint wieder in aller Pracht, und Hermann Maack kommt uns schon entgegen. Er schlägt uns vor, zu den Weiden zu fahren. Er wird, wie jeden Tag, seine Tiere kontrollieren.

Um Heike besser kennen zu lernen, will er sie auf seinem Porsche zur Weide mitnehmen. Heike ist verwundert. Fahren jetzt die Bauern mit einem Sportwagen durch die Feldmark? Doch dann zeigt ihr Hermann seinen tollen roten Porsche-Trecker, Baujahr 1956 mit 18 PS. Heike ist begeistert und will gleich selbst den Oldtimer fahren. Schließlich hat sie ja schon auf dem Kiekeberg Erfahrung gesammelt! Wir steigen wieder in die Autos, lassen uns sagen, wo wir hinfahren müssen, damit wir die beiden »Porschefahrer« an der richtigen Weide in Empfang nehmen können. Als wir dort ankommen, schreitet ein gut 1,55 Meter großer Saler-Bulle mit seinen Kühen im Gefolge auf uns zu. Ein Tier, das uns allein schon durch seine Anwesenheit Respekt einflößt. Kaum haben wir die Kameras ausgepackt, da kommt auch schon das »Porscheteam«. Heike und Hermann unterhalten sich angeregt und duzen sich bereits ganz selbstverständlich. Hermann Maack erzählt uns, dass er die Saler-Rinder erst vor einigen Jahren in Frankreich entdeckt hatte. Eine gute und anspruchslose Hochlandrasse, die sich aber auch sehr gut im Flachland macht.

Hermann Maack lässt Moderatorin Heike seinen roten »Porsche« lenken. Auf gehts zur Weide!

Ein prachtvoller Saler-Bulle von Hermann Maack.

Vor vielen Jahren, sagt er mit etwas Wehmut in der Stimme, hatte er mit Galloways begonnen. Sein Traum war, Fleischrinder in Norddeutschland populär zu machen, eine nicht ganz einfache Geschichte, weil im hohen Norden traditionell eher die Milchviehrassen gehalten werden. Zudem wollte er herausfinden, welche Rassen sich besonders gut eignen. Anfangs holte er neben den Galloways auch noch Black Welsh aus Wales.

Es gibt wohl kaum jemanden in Norddeutschland, der in den letzten Jahrzehnten so viele verschiedene Fleischrinderrassen auf seinem Hof hatte. Selbst Zwergzebus waren dabei. »Ich brauche immer etwas um die Ohren«, sagt Hermann Maack und streichelt dabei den Bullen, »möglichst mit vielen Menschen und Tieren.«

Zurück zum Hof fahren Heike und Hermann wieder per Porsche. Vor dem Schüttenhof kommen gleichzeitig mit uns zwei Reisebusse an. Es sind die Gäste, von denen Hermann Maack gesprochen hatte. Eine große Anwaltskanzlei aus Hannover und eine Familie feiern heute auf dem Schüttenhof.

Marlene Maack hat mit einigen Hilfskräften bereits alles vorbereitet. Die Tenne und die Scheune sind dekoriert, das Bier fließt, die Buffets sind aufgebaut. Hermann springt von seinem Porsche und begrüßt die Gäste. Wer will, kann sich natürlich auf dem Schüttenhof umsehen. Hermann Maack wird den Grill anfeuern, um bestes Rindfleisch zu grillen. Er zeigt auf eine Gerätschaft, die eher einer Minilokomotive ohne Führerhaus gleicht als einem Grill. Sofort sind einige Gäste um das Gerät versammelt. Die Feuerstelle ist bei diesem Grill vom Rost getrennt. Das Fleisch wird sozusagen durch die heiße Luft gegrillt. Beeindruckend, aber vor einem abschließenden Urteil wollen wir das Fleisch erst einmal probieren. Das wird allerdings noch etwas dauern.

Für die Anwaltskanzlei hat sich Hermann einige Spiele ausgedacht.

Zuvor gibt es noch ein Gläschen »Welsh Black«- Aufgesetzten mit Johannisbeere und Genever – Eigenproduktion, süß und kräftig! Oder für die Herren einen »Shire Horse«-Kräuterschnaps.

Die Spielrunde kann beginnen. Hermann lädt zum »Gummistiefelweitwurf«, anschließend zum Kettcar-Wettrennen und schließlich zum Bullenschätzen – was bringt so ein kapitales Tier auf die Waage?

Was er wirklich wiegt, geben wir hier natürlich nicht preis. Das muss man bei einem Besuch schon selber herausfinden.

Endlich geht es zu Tisch. Das Buffet ist mehr als reichlich – eine richtige Bauerntafel, wie sie es bestimmt früher bei Hochzeiten gab. Und dann das Fleisch! Alle sind neugierig, als Hermann und Heike das erste Stück anschneiden. Saftig und zart – ein Gedicht. Uns läuft das Wasser im Mund zusammen. »Jetzt stellt doch mal die Kameras weg. Es gibt Wichtigeres im Leben!« befiehlt Hermann und schon haben wir Platz genommen. Marlene Maack versorgt uns bestens mit allem, was zu dem hervorragenden Fleisch passt. Nach dem Essen schauen wir uns auf dem Schüttenhof um. Ein paar Schritte tun wirklich gut. Auf der Weide hinter dem Hof weidet ein Shire Horse und ein Pony. Die Shire Horses, erklärt uns Hermann, sind die größte Pferderasse der Welt. Das Pony kann ohne Schwierigkeiten unter dem Bauch seines großen Freundes durchlaufen. Dann entdecken wir noch eine ziemlich kleine Kuh. Es ist ein Dexter-Rind und gehört zu den kleinsten Rinderrassen. Gegensätze, meint Heike, scheinen Hermann zu begeistern.

»Genauso ist es! Das ruhige Leben auf dem Land ist nicht so das Richtige für mich. Ich brauche Unterhaltung und auch etwas Remmi Demmi. Andererseits könnte ich mir ein Leben in der Stadt nicht vorstellen. So, wie es jetzt läuft, mag ich es! Aber ohne Marlene wäre das nicht zu machen!« sagt er und kehrt gut gelaunt zu seinen Gästen zurück.

Auch ein Shire Horse – die größte Pferderasse der Welt – und ein Pony sind auf dem Schüttenhof der Maacks zu Hause.

Einmal im Jahr wird sogar eine Heidekönigin gewählt. Das hat Tradition in Amelinghausen!

Als wir einpacken, hören wir Musik, die aus der Scheune kommt. Die Anwaltskanzlei tanzt ausgelassen zu Livemusik. Hermann und Marlene Maack mittendrin. Wir wären gerne länger geblieben!

Schüttenhof
Hermann und Marlene Maack
Hof 4, 21376 Lübberstedt
Telefon 0 41 75 / 4 43
Telefax 0 41 75 / 7 76
E-Mail info@schuettenhof.de
www.schuettenhof.de

Unsere Kurztipps

Dass die **Heide** etwas ganz Besonderes ist, entdeckten vor einhundert Jahren zuerst Schriftsteller und Künstler: Viele ihrer Gedichte und Geschichten erzählen von der einsamen Weite und dem spröden Charme der Heidelandschaft, gesäumt von Elbe und Aller. Der Heidedichter Hermann Löns beschrieb sie einst so: »Die Bienen summen im Heidekraut, es bebt die Mittagsluft, aus allen roten Blütchen steigt ein voller Honigduft.« Heute noch denkt fast jeder, der den Namen »Lüneburger Heide« hört, sofort an blühende Erika, duftenden Wacholder und sandige Wege. Doch zur Heide-Region, die einer Landschaft von zirka 11.000 Quadratkilometern Fläche im Städtedreieck Hamburg, Bremen und Braunschweig ihren Namen gab (Heide bedeutet soviel wie »wüste Hochfläche«), gehört weitaus mehr – zum Beispiel die vielen beschaulichen Heidedörfer und lebendigen Heidestädte ihrer neun niedersächsischen Landkreise. Vor allem aber sind es die zahlreichen traditionellen Heideblüten- und Erntedankfeste, die einen Besuch in der Heide-Region zu einem einzigartigen Fest der Sinne werden lassen. Neben dem Augenschmaus auf den Straßen kann man sich hier vor allem typische Heide-Spezialitäten der regionalen Küche »auf der Zunge zergehen lassen«. So wie zum Beispiel den saftigen Schaf-Braten, den die »Symboltiere« der Heide, die Heidschnucken, liefern. Dazu gibts die bekannte Heidekartoffel oder man probiert einen Hochprozentigen wie den Köm oder den Heidegeist.

Gern besuchtes Ausflugsziel in der Nordheide – vor allem für Naturliebhaber – ist der **Naturschutzpark »Lüneburger Heide«**, der mit seinen 200 Quadratkilometern die größte

zusammenhängende Heidefläche Europas ist. Mit seinen weitläufigen Heideflächen lädt das älteste Naturschutzgebiet Deutschlands in den Landkreisen Soltau-Fallingborstel, Harburg und Lüneburg seine Besucher vor allem zum Wandern, Radfahren oder Reiten ein. Auf etwa 700 Kilometer Wander- und 300 Kilometer langen Reitwegen, findet man Ruhe und Erholung und kann die einzigartige Pflanzen- und Tierwelt hautnah erleben. So zum Beispiel seltene Vogelarten wie Heidelerche, Braunkehlchen oder Birkhühner beobachten, Sandlaufkäfer, Zauneidechsen oder Schlingnatter vorbei huschen sehen oder Pflanzenarten wie Moorlilie, Heidenelke oder Glockenheide am Wegesrand entdecken. Zum Schutz der Landschaft und seiner Pflanzen- und Tierwelt gilt mit Ausnahme von zwei, das Gebiet durchquerenden Straßen ein generelles Kraftfahrzeugverbot.
Wer möchte, besucht die drei »Häuser der Natur« des 1909 gegründeten Vereins Naturschutzpark e. V. (VNP) in Niederhaverbeck, Undeloh und Döhle, in denen man sich über Tiere und Pflanzen, die Besonderheiten und Probleme des Naturschutzgebietes zwischen Höpen, Osterheide und Wilseder Berg informieren kann. Im Naturschutzpark »Lüneburger Heide« kommen aber auch Historiker und Hobbyarchäologen auf ihre Kosten. Denn hier findet man noch zahlreiche Hügelgräber aus der Bronzezeit, jahrhundertealte Findlingsmauern und Bauernhäuser, deren mit Stroh und Reet (Schilfart) gedeckten Dächer früher zu den unverkennbaren Markenzeichen der Heide gehörten. Das Landschaftsbild prägten einst auch zahlreiche Mühlen, deren Geschichte in der Bronzezeit beginnt – also zur Zeit der Großsteingräber vor 3500 Jahren, als der Ackerbau aufkam, Getreide angebaut und schließlich auch gemahlen wurde. Doch mit zunehmender Industrialisierung verschwanden sie immer mehr, sodass heute nur noch ein geringer Teil der ehemals so zahlreichen Mühlen existiert. Sehenswert ist zum Beispiel die alte, noch funktionstüchtige Amtswassermühle in Moisburg, in der der Landkreis Harburg ein Mühlenmuseum eingerichtet hat. Außerdem kann man regelmäßigen Malvorführungen zusehen (Telefon 0 41 65 / 61 33).

Verein Naturschutzpark e. V. (VNP)
Niederhaverbeck 7, 29646 Bispingen
Telefon 0 51 98 / 98 70 33
www.verein-naturschutzpark.de

Tourist-Informationen
Verkehrsverein Bispingen
Borsteler Straße 4
29646 Bispingen
Telefon 0 51 94 / 3 98 51

Eine Reise wert ist die Stadt **Lüneburg**, die in einer Senke am Nordrand der Heide liegt. Seit mehr als einem Jahrtausend fließt hier eine der stärksten und heilkräftigsten Natursolen Deutschlands. Ihr verdankte die alte Salz- und Hansestadt einst ihre Blütezeit. Im Jahr 956 erstmals erwähnt, blieb das Salz bis ins 20. Jahrhundert die wirtschaftliche Basis der Stadt. Erst im Jahr 1980 erlosch das Feuer unter den Siedepfannen der Saline für immer.

Zahlreiche Gebäude und Straßen erinnern heute an die salzige Vergangenheit der Hansestadt. So findet man in Lüneburg zum Beispiel nicht nur die Salzbrückerstraße, sondern auch das Deutsche Salzmuseum, das in den ehemaligen Produktionsräumen der »Lüneburger Saline« 1989 eröffnet und seitdem schrittweise erweitert wurde. Hier kann man historische und moderne Siedeanlagen bestaunen und alles rund ums Thema Salz erfahren.

Lüneburg blickt auf eine 1000-jährige Geschichte zurück. Noch heute bietet die gemütliche Hansestadt ihren Besuchern ein fast geschlossenes mittelalterliches Stadtbild mit schmalen Gässchen, lebendigen Märkten und schmucken Bürgerhäusern mit charakteristischen Treppengiebeln. Beim Schlendern durch den alten Stadtkern Lüneburgs kommt man unweigerlich am mittelalterlichen Rathaus, gleich am Markt, vorbei. Bereits um 1230 begann man mit dem gotischen Kernbau, doch erst 1720 fand er mit der barocken Außenfassade seinen Abschluss. Die Stadt Lüneburg ist aber vor allem eins: Beliebter Ausgangspunkt vieler ausgeschildeter Radtouren in ihre abwechslungsreiche Umgebung.

Zwei der schönsten Fernradtouren Deutschlands beginnen bzw. enden in der Universitätsstadt Lüneburg – der Harz-Heide- und der Lüneburg-Fernradweg. Der Klassiker unter den Radwegen um Lüneburg ist aber die »Lüneburger Heidetour«, die auf etwa 80 Kilometer Länge in beiden Richtungen direkt von Lüneburg aus in das Naturschutzgebiet Lüneburger Heide führt – vorbei an zahlreichen Sehenswürdigkeiten wie die Oldendorfer Totenstatt, eine über 4000 Jahre alte Grabanlage bei Amelinghausen oder Wilsede mit dem Heidemuseum »Dat ole Hus« (einem der ältesten Freilichtmuseen Deutschlands) und natürlich dem Wilseder Berg (169 Meter).

Lüneburg Marketing GmbH
Rathaus/Am Markt
21335 Lüneburg
Telefon 0 41 31 / 2 07 66 20
Telefax 0 41 31 / 2 07 66 44
E-Mail touristik@lueneburg.de
www.lueneburg.de

Für Kirchenliebhaber lohnt sich ein Abstecher nach **Bardowick**. Erstmals 795 urkundlich erwähnt, zählt er heute zu den ältesten Orten Niedersachsens. Das Wahrzeichen des kleinen Städtchens in der Nordheide sieht man schon von weitem – den Bardowicker Dom mit seinen beiden etwa 41 Meter hohen Türmen. Die gotische Hallenkirche, erbaut im 15. Jahrhundert, beherbergt im Innern sechs Glocken, die älteste aus dem Jahr 1130.

Samtgemeinde Bardowick
Schulstraße 12
21357 Bardowick
Telefon 0 41 31 / 12 01 41
Telefax 0 41 31 / 12 01 33
www.bardowick.de

Ein beliebter Anziehungspunkt für Urlauber und Gäste ist die Samtgemeinde **Amelinghausen**, die im Herzen der Lüneburger Heide, im Landkreis Lüneburg liegt. Jedes Jahr im August steht nämlich in dem idyllischen Heidedorf alles im Zeichen der Heideblütenfestwoche. Ob mit historischen Trachten, regionaler Folkloremusik oder traditionellen Volkstänzen – die Amelinghausener und ihre Besucher feiern nicht nur die Heideblüte, sondern auch ein wenig sich selbst, die »Heidjer«.

Höhepunkt des bunten Treibens ist die Wahl der neuen Heidekönigin auf dem Kronsberg jeweils am Sonntag, dem letzten Tag der Festwoche. Und das hat eine lange Tradition. Schließlich wurde die erste Heidekönigin bereits 1949 gekrönt: Aus einer Festlaune heraus beschlossen die Mitglieder des Amelinghausener Männerchores, im Rahmen ihres alljährlichen Sängerfestes ein junges Mädchen zur Heidekönigin zu wählen. Und das von jetzt an jedes Jahr aufs Neue!

Nur ein Jahr später wurde aus dieser spontanen Idee das so genannte **Heideblütenfest**, das im Jahr 1950 erstmals offiziell gefeiert wurde. Seitdem gehört die Heidekönigin zu Amelinghausen, wie das Heidekraut zum Heideland. Nicht zu vergessen der große Festumzug, den die neue Heidekönigin zum Abschluss des Festes in ihrem mit zigtausend kleinen Heidesträußchen prachtvoll dekorierten Krönungswagen anführt. Die alljährliche Heideblütenfestwoche in Amelinghausen gilt heute als größtes Volksfest im Landkreis Lüneburg und zieht inzwischen Zuschauer aus ganz Deutschland in ihren Bann.

Heideblütenfest Amelinghausen e.V.
Pflugweg 8
21365 Adendorf
Telefon und Telefax 0 41 31 / 1 82 89
E-Mail heidebluetenfest@gmx.de
www.heidebluetenfest.de

Tourist-Information Amelinghausen
Telefon 0 41 32 / 93 05 50
Telefax 0 41 32 / 93 05 51
E-Mail tourist-info@amelinghausen.de
www.amelinghausen.de

Der **Wildpark »Schwarze Berge«** ist zu jeder Jahreszeit einen Besuch wert. Die reizvolle Wald- und Parklandschaft im Süden Hamburgs wird durch sanfte Hügel, kleine Täler und mehrere Teiche geprägt. Auf ausgedehnten Spaziergängen kann man hier die Stille und Beschaulichkeit der Natur genießen und viele europäische Tierarten – wie Dachse, Wölfe oder Rehe – in ihrer natürlichen Umgebung entdecken und aus nächster Nähe beobachten. Die etwa 50 Hektar große Parklandschaft bietet ihren Gästen aber nicht nur eine vielfältige Tierwelt, sondern viel Wissenswertes über die einheimische Natur und typische Handwerksberufe. So kann man zum Beispiel auf dem Wald-Lehrpfad sein Naturwissen auffrischen oder in der Kunsthandwerker-Halle Holzschnitzern und Töpfern bei der Arbeit zusehen.

Wildpark Schwarze Berge
Am Wildpark 1
21224 Rosengarten-Vahrendorf
E-Mail
info@wildpark-schwarze-berge.de
www.wildpark-schwarze-berge.de

Im **alaris Schmetterlingspark** in **Buchholz** in der Nordheide können sich die Besucher von mehr als 140 verschiedenen Schmetterlingsarten umflattern und verzaubern lassen. Seit 1989 werden hier in drei Hallen eine Vielzahl von Schmetterlingen und Pflanzen aus vier Kontinenten gezeigt. Unter dem schützenden Glasdach tummeln sich inmitten tropischer Regenwaldpflanzen unzählige freifliegende exotische Schmetterlinge – ob der kleine, nur drei Zentimeter große Glasflügler aus Peru oder der Atlas-Seidenspinner aus Asien, dessen Flügelspanne 32 Zentimeter erreicht. Da die Lebensdauer der tropischen Falter sehr kurz ist und jeden Tag etwa 30 bis 40 junge Tiere schlüpfen, kann man jeden Monat in der Saison aufs Neue andere Schmetterlingsarten entdecken. Außerdem sind nicht nur die fliegenden Prachtexemplare, sondern auch alle Entwicklungsstadien – vom Ei über die Raupe und die Puppe bis hin zum Schmetterling – zu bewundern. Interessante Führungen und Vorträge ergänzen das farbenfrohe Spektakel.

alaris Schmetterlingspark
21244 Buchholz in der Nordheide
Telefon 0 41 81 / 3 64 81
Telefax 0 41 73 / 51 15 57
E-Mail alaris_schmetterlingspark@hotmail.com
www.alaris-schmetterlingspark.de

Schleswig-Holstein
Mecklenburg-Vorpopmmern
Hamburg
Bremen
Niedersachsen
Berlin
Brandenburg
Sachsen-Anhalt
Nordrhein-Westfalen
Sachsen
Thüringen
Hessen
Rheinland-Pfalz
Saarland
Bayern
Baden-Württemberg
A19
Güstrow
Schwerin
MECKLENBURGISCHE SEENPLATTE
PLAUER SEE
A24
Ludwigslust
Pritzwalk

Müritz

Rund um die Müritz

YAMAHA

Verwunschene Wälder, verschwiegene Seen

Rund um die Müritz

von Ulrich Koglin

Unterwegs im »Land der tausend Seen«, in Mecklenburg-Vorpommern. Es ist Anfang August und wir sind auf Landpartie im Herzen des Landes, in der Müritz-Region. Allein im Müritz-Nationalpark gibt es genau 117 Seen mit einer Oberfläche von mehr als 10.000 Quadratmetern, wie im Reiseführer steht. Teiche und Tümpel gar nicht mitgezählt. Verwunschene Wälder, verschwiegene Seen, darüber kreisende Adler und Heike auf dem Fahrrad unterwegs zu Menschen, die in dieser einzigartigen Kulturlandschaft leben und arbeiten. Kaum ein Landstrich in Deutschland ist so dünn besiedelt wie die Müritz-Region. Es sind schon weite Entfernungen zwischen unseren Drehorten. Von der alten Wasserburg über restaurierte Schlösser bis hin zu modernen Landwirtschaftsbetrieben, die sich harmonisch in das über Jahrhunderte gewachsene Landschaftsbild einfügen. Im Zentrum der Region steht der Müritz-Nationalpark, in dem sich die Natur weitgehend ohne menschliche Eingriffe entwickeln soll.

Expedition in die Natur

Die Kleinstadt Waren ist Ausgangspunkt einer ersten Expedition in den Nationalpark. Um Punkt zehn Uhr morgens stehen wir an der Steinmole in Waren. Vor uns liegt die Binnenmüritz, an die sich die eigentliche Müritz in -zigfacher Größe anschließt. Uns wird langsam klar, warum der größte Binnensee Deutschlands auch »das kleine Meer« genannt wird. Das gegenüber liegende Ufer ist allenfalls zu ahnen. Noch während wir die Kameras und das Fahrrad vorbereiten, legt neben uns an der Mole ein Schiff an, das noch einige Mitfahrer vom nah gelegenen Müritz-Hotel Klink bringt. Fahrräder, und das wird offensichtlich gern genutzt, können auf allen Fahrten über die Müritz kostenlos mitgenommen werden. Und dann gehts auch für uns los. Der »Nationalparkbus« samt Fahrradanhänger ist da. Roland Gepp begrüßt uns. Kurze Hosen, Khaki-Hemd mit Abzeichen des Nationalparkamtes, Daktari-Hut – so stellt man sich einen Ranger vor. Wir haben uns bei ihm zu einer Gruppenführung angemeldet. Der Bus bringt uns nach Federow, von da aus geht die knapp zweistündige Rundtour durch den Nationalpark los. »Bevor es in die Natur geht, kommt aber erst einmal die Theorie« meint Roland Gepp schmunzelnd und führt Heike unter das Dach des Informationshäuschen in Federow. »Bei uns brüten noch etwa 20 Fischadlerpaare und hier oben kann man so einen Adlerhorst am besten beobachten. Live und in Farbe!«, verspricht er,

◀ *Die Müritz ist der größte Binnensee Deutschlands – idyllisch und ideal für den Segelsport.* Foto: Patricia Lösche

während wir die Treppe erklimmen. Vor leeren Stühlen steht ein Fernseher mit nur einem Programm: einer 24-Stunden-Live-Übertragung von einem nahgelegenen Adlerhorst. In einer unauffälligen und gut isolierten Kugel ist die Kamera direkt am Adlerhorst installiert. Sie sendet rund um die Uhr Bilder nach Federow. Wir gucken hin – doch der Horst ist leer. »Jetzt im August sind die Jungvögel schon flügge. Meist kommen sie am Nachmittag noch mal vorbei und treffen sich mit einem der Altvögel, um dann vielleicht noch einen Fisch zu bekommen. Aber eigentlich sind die jetzt schon ziemlich selbstständig«, erklärt Roland Gepp den leeren Horst. Wer fürs Warten keine Zeit hat, sieht sich einen Videofilm mit den Höhepunkten der vergangenen Brutsaison an – noch vor Ort oder später zu Hause, denn den Film gibts in Federow auch zu kaufen.

Ab Federow gehts dann per Fahrrad weiter in den Nationalpark. Erster Stopp ist für uns direkt am Adlerhorst. Mal schauen, ob wir vor Ort mehr Glück haben. Hinter einer Sichtblende aus Holzpalisaden haben wir einen ungestörten Blick auf den Horst, der sich ganz oben auf einem Hochspannungsmast befindet.

Im Müritz-Nationalpark gibts sogar Ranger!

»Der Fischadler will immer sehen, was in seiner Nachbarschaft passiert und wählt deshalb Bäume, die über den Horizont des Waldes hinausragen. Da es solche Bäume hier noch wenig gibt, brütet der Adler eben auch auf solchen Masten«, führt der Ranger aus. Heike leiht sich das Fernglas. Deutlich kann sie die in einer Kugel versteckte Videokamera erkennen, doch die Adler lassen auf sich warten. »Die Jungvögel müssen jetzt schon für ihren Flug in den Süden üben, die überwintern in Afrika, in Kamerun oder Senegal.« Fischadler sind auf frischen Fisch angewiesen und zugefrorene Seen im Winter können da tödlich sein.

Weiter gehts zum Käflingsturm, von dem aus man einen fantastischen Blick über die gesamte Region hat. Doch »Halt«, ruft Roland Gepp. »Mal schnell unauffällig die Kameras in Position bringen.« Links vom Weg, gar nicht weit weg, hocken zwei Fischadler auf ihrem Horst, hoch oben auf einem Hochspannungsmast. Völlig unbeeindruckt von unseren Aktivitäten sitzen die beiden da oben, sonnen sich und lassen sich geduldig abfilmen. Es ist schon ein besonderes Gefühl, den Adlern Aug' in Aug' gegenüberzustehen, auch wenn man dazu etwas Glück und ein starkes Fernglas braucht. Beschwingt fahren wir weiter zum Aussichtsturm, der auf dem 100 Meter hohen Käflingsberg mitten im Nationalpark steht. Der Turm selbst ist ein moderner Telekombau aus Stahl, der Blick von oben entschädigt für den Aufstieg: »Dort drüben,« Roland Gepp zeigt auf eine riesige hellgrün erscheinende Fläche, »kann man die Geburt eines Urwalds erleben. Bis vor zehn Jahren rollten dort noch Panzer. So ganz langsam beginnt jetzt die Natur, das Gelände zurück

Blick vom Käflingsturm im Müritz-Nationalpark in die waldreiche Landschaft.

zu erobern.« Auf der anderen Seite lässt sich, weit hinter dem Priesterbäcker See, die Müritz erahnen. Im Laufe der letzten Jahrhunderte hat sich der Wasserstand der Müritz oft geändert. Dadurch, erfahren wir, hat sich an der Müritz eine bunte Artenvielfalt entwickelt: mit über 200 Vogelarten, knapp 1000 Blütenpflanzen und jeweils weit über 1000 Käfer- und Schmetterlingsarten. Viele davon sind in den meisten Gegenden Deutschlands ausgestorben oder extrem selten geworden.

Schnell ist klar, auf unserer kurzen Fahrradtour sehen wir davon nur einen ganz kleinen Ausschnitt. Problemlos könnten wir allein aus dem Müritz-Nationalpark eine spannende »Landpartie« bestreiten. Aber wir sind neugierig geworden auf eine der letzten Naturlandschaften in Norddeutschland, nehmen uns fest vor, mit mehr Zeit zurückzukommen, auch ohne Kameras.

Nationalparkamt Müritz
Schlossplatz 3
17237 Hohenzieritz
Telefon 03 98 24 / 2 52-0
Telefax 03 98 24 / 2 52-50
E-Mail info@nationalpark-müritz.de
www.nationalpark-mueritz.de

Tourismusverband Mecklenburgische Seenplatte
Turmplatz 2
17207 Röbel/Müritz
Telefon 03 99 31 / 5 13 81
Telefax 03 99 31 / 5 13 86
info@mecklenburgische-seenplatte.de
www.mecklenburgische-seenplatte.de

Nationalpark-Ticket
Die Ticketbusse und -schiffe verkehren von Mai bis Oktober. Informationen erhalten Sie bei den Nationalpark- und Tourist-Informationen und bei den Busgesellschaften.
vms, Telefon 0 39 81 / 4 21 01 10
pvm, Telefon 0 39 91 / 64 5-0

Nationalparkinformationen Federow
Adler-Liveübertragung
Öffnungszeiten:
April bis Oktober 9.30–17.00 Uhr
Telefon 0 39 91 / 67 00 67

Frischfisch aus der Müritz

Die Fischer sind in der Müritz-Region besonders gefordert: Ohne eine maßvolle Bewirtschaftung der Gewässer in der Müritz-Region hätten es Otter oder Fischadler erheblich schwerer. In der Fischerei Damerow treffen wir Berndt Plötz, Fischmeister der Fischerei Müritz-Plau GmbH. Neben der normalen Fischerei ist er auch meist derjenige, der mit interessierten Hobby-Anglern auf Fangfahrt geht und gern das Revier zeigt. »Angeln darf hier jeder, der einen Fischereischein hat und sich bei uns eine Angelkarte kauft«, erzählt er. Denn die Aale, Hechte, Barsche, Schleie oder Zander, die die Müritzfischer fangen, haben sie oft als kleine Besatzfische selbst vor Jahren ausgesetzt. Die Fischerei Damerow liegt idyllisch an dem kleinen Jabelschen See westlich von Waren. Mit einem schmalen offenen Boot, in dem außer Heike gerade noch ein Kamerateam Platz hat, gehts los. Wir fahren quer über den See. Immer entlang des »Damerower Werders«, einer über 300 Hektar großen Halbinsel, die auf der anderen Seite vom Kölpinsee umrahmt wird.

Überall am Ufer warnen Schilder vor dem Betreten. »Da lebt eine der letzten Herden der europäischen Waldrinder,« erzählt Berndt Plötz, während er das Boot durch einen kleinen Kanal in den Kölpinsee dirigiert, »denen sollte man lieber nicht zu nah kommen, höchstens zur Schaufütterung.« Wie ihre amerikanischen Verwandten, die Bisons, waren die Wisente, die früher die europäischen Wälder bevölkerten, Anfang des 20. Jahrhunderts bis auf ganz wenige Tiere ausgerottet. Seit Ende der fünfziger Jahre haben sie auf dem Damerower Werder eine Zuflucht gefunden.

Unser Ziel sind die Reusen, die regelmäßig kontrolliert werden müssen. »Wir fahren bei jedem Wetter raus,« sagt Berndt Plötz, »kannst die Fische ja nicht hängen lassen.« Wir nähern uns den Stangen, an denen unter Wasser die Reuse befestigt ist.

Heike Götz leert die Reusen mit Fischer Plötz!

Die Zuchtforellen werden zum Räuchern aufgespießt.

An einem langen Leitnetz schwimmen die Fische entlang und werden so in die Reuse gelenkt, aus der sie dann nicht wieder herausfinden. Mit geübten Handgriffen zieht der Berufsfischer die Reuse ins Boot. Viel ist es auf den ersten Blick nicht: Barsche, etliche Schleie, drei Aale und viele viel zu kleine Fische. Die Großen wandern gleich in den Fischkasten, einen wasserdurchfluteten Behälter im Boden des Fischerbootes, die Kleinen gehen zurück in den See. »Zufrieden ist man als Fischer eigentlich nie, aber das war schon ein ganz ordentlicher Fang heute.« Fischer Plötz ist froh, dass ihn die Fische nicht vor laufender Kamera im Stich gelassen haben.

Zurück an Land haben die Fischerkollegen bereits die Räuchertonne zum Qualmen gebracht, denn gegen Mittag legt das Passagierschiff an und dann sollen die ersten Forellen, noch warm vom Räuchern, angeboten werden. »Die stammen aus unserer Teichwirtschaft, Forellen werden sehr gern gegessen. Die haben kaum Gräten und schmecken auch geräuchert wunderbar.« In ihrer Teichwirtschaft ahmen die Fischer die Natur nach: Die zeitweise gestauten Teiche, die im Herbst wieder trocken fallen, bieten vielen Tieren Zuflucht, deren Lebensraum andernorts durch die Begradigung und Eindeichung von Flussauen längst verschwunden ist. Kiebitze, Rotschenkel, Bekassinen und andere Watvögel finden in den abgelassenen Teichen einen reich gedeckten Tisch.

Gemeinsam mit Heike spießt Berndt Plötz die ausgenommenen und gesalzenen Forellen auf und hängt sie in die Tonne. »Am besten gehen neben den Forellen Saiblinge, Maränen und natürlich der Aal.« Der braucht etwas mehr Zeit im Rauch, zum Glück sind im Räucherofen nebenan schon die ersten Aale fertig. Frisch geräuchert und noch ofenwarm – da kann kaum einer im Team widerstehen. Zumindest im Sommer können die Müritzfischer so einen großen Teil ihrer Fänge noch vom Bootssteg weg verkaufen.

Zwischen dem Fischen ist auch mal Zeit für einen ordentlichen Hundekraul!

Vor einigen Jahren haben sie ihren eigenen Vertrieb samt Verarbeitung aufgebaut: Vom Frischfisch über Räucherfisch bis hin zum selbst gemachten Aal in Aspik liefern sie ihre Fänge in ganz Norddeutschland an Restaurants und Fachgeschäfte. Neben dem »Ernten«, also dem Fischfang, sind die Müritzfischer besonders stolz auf ihre »Saat«, die Setzfischproduktion, wie die Vermehrung technisch heißt. Neben den normalen Konsumfischen vermehren die Fischer neuerdings auch selten gewordene Arten wie den Schnäpel, einen lachsartigen Fisch, oder auch den Stör.

»Die Müritzfischer«
Fischerei Müritz-Plau GmbH
Am Seeufer 73
17192 Waren/Müritz
Telefon 0 39 91 / 15 34 -0
Telefax 0 39 91 / 15 34 17
E-Mail upaetsch@mueritzfischer.de
www.mueritzfischer.de

Wisentgehege auf dem Damerower Werder:
Fütterung täglich um 10.00 Uhr und 15.00 Uhr. Feiertags nur um 10.00 Uhr.

Der Störvater

Der »Störvater« wohnt gleich nebenan in Eldenburg. Günter Ziebarth hat hier über 20 Jahre lang die Aufzucht von Hechten, Zander, Maränen oder Karpfen betreut. Uns begrüßt er mit seinen jüngsten »Babys«, etlichen gerade acht Wochen alten Stören in einem großen Wasserglas, jeder gerade so 15 Zentimeter lang. Fast liebevoll und stolz zugleich hält er das Glas in die Kamera. »Die haben mächtig Hunger, die verdoppeln hier jede Woche ihr Gewicht!« Heike kann gleich mithelfen, die lieben Kleinen zu wiegen. »Die brauchen ziemlich genau täglich etwa drei Prozent ihres Gewichts als Futter«. Und trotzdem legen die Jungstöre unterschiedlich schnell zu.

Jede Woche sortiert Günther Ziebarth die größeren seiner Jungfische einzeln nach Größe und Gewicht. »Ich muss zusehen, dass ich immer Gruppen mit gleich großen Stören habe, sonst stimmt die Futterration nicht mehr« Heike fasst kräftig mit an, um die bis zu einem Kilo schweren Störe in unterschiedliche Bassins zu setzen. Trotz ihrer noch relativ geringen Größe sehen die Störe bei genauerer Betrachtung gefährlich aus: Spitze Nase, großes Maul, eine kleine Flosse am Rücken, die aus dem Wasser ragt. »Wie kleine Haie!«, entfährt es Heike. »Sie haben Recht – die sind eng miteinander verwandt« erklärt der Diplom-Fischerei-Ingenieur, »die gibt es wie Haie als Art unverändert seit 250 Millionen Jahren. Das sind gewissermaßen die Dinosaurier unter den Süßwasserfischen.« Aber Störe sind völlig harmlos. In freier Natur fressen sie Schnecken, Muscheln und auch mal kleinere Fische«. Bis zu zwei Meter lang können Ziebarths Sibirische Störe werden.

Die europäischen Störe, erzählt er, seien die gefährdetste Störart überhaupt. Gewässerbegradigungen, Umweltverschmutzung und eine lange Jahre schonungslose Fischerei hätten den heimischen Stör fast zum Aussterben gebracht. Seit zwei Jahren hat sich Ziebarth auf die Aufzucht sibirischer Störe konzentriert. Einerseits, um Erfahrungen für das laufende Programm zur Wiederansiedlung der Europäischen Störe zu sammeln, andererseits weil der Stör auch ein idealer Speisefisch ist – vom Kaviar mal ganz abgesehen. »Ich verkaufe sie mit ein bis zwei Kilo an die Kollegen von der Teichwirtschaft, die sie dann bis zur Schlachtreife von zwei bis vier Kilo halten.« Störe haben festes, weißes Fleisch, keine Gräten und schmecken ausgezeichnet. »Wir haben gerade selbst welche gegrillt«, schwärmt Günter Ziebarth, »unser Besuch war begeistert!«.

Die »Müritz-Fischzucht Günter Ziebarth«, wie das Unternehmen offiziell heißt, ist eine der modernsten Aquakulturanlagen überhaupt: Dank eines aufwändigen Filtersystems funktioniert die Anlage abwasserlos nach dem Kreislaufsprinzip, beheizt wird sie mit dem nachwachsenden Rohstoff Holz – gesteuert über ein ausgeklügeltes Computersystem. Bis zu zwei Millionen Setzlinge kann Günter Ziebarth jährlich in seiner Anlage aufziehen.

Stolz hält »Störvater« Günter Ziebarth seine jüngsten Baby-Störe in die Kamera.

Ein Stör gleitet leicht mal aus den Händen. Aber Günter Ziebarth hat alles im Griff.

Seit kurzem braucht er seine Jungstöre auch nicht mehr über Umwege aus Sibirien holen, denn mit Hilfe von Wissenschaftlern der Landesforschungsanstalt für Fischerei ist es den benachbarten Kollegen der Müritz-Fischerei gelungen, erstmals selbst Störe in nennenswerter Zahl in ihrer Brutanlage zu vermehren. Die kommen dann wieder in die »Kinderstube« von Günter Ziebarth. Und, wer weiß, vielleicht gibt es ja auch dereinst sogar Müritz-Kaviar?

Müritz-Fischzucht Günter Ziebarth
An der Reeck 9 A
17192 Eldenburg
Telefon und Fax 0 39 91 / 12 24 15

Bio lohnt sich!

Der schonende und bewusste Umgang mit der Natur – in der Müritz-Region ist das angesichts der atemberaubend schönen Landschaft ganz selbstverständlich. Vielleicht auch deshalb ist hier der Sitz des flächenmäßig größten Ökoanbauverbandes Deutschlands. In Karow hat sich Anfang der neunziger Jahre der Verein »Biopark« gegründet. Ihm ist es zu verdanken, dass in Mecklenburg-Vorpommern innerhalb von gut zehn Jahren rund sechs Prozent der Flächen ökologisch bewirtschaftet werden, das ist etwa das Dreifache dessen, was in Deutschland sonst üblich ist.

Gerhard Peitz in Klocksin bei Moltzow war von Anfang an dabei. Auf verschlungenen Wegen erreichen wir den Hof und genießen dabei den herrlichen Blick in die sanft hügelige Landschaft der »Mecklenburgischen Schweiz«. Am Horizont blitzt der Malchiner See, vor uns liegen Felder in der Nachmittagssonne. Gleich nach der Wende, als die Familie Peitz die zwangskollektivierten 30 Hektar Land zurückbekommen hatte, fing Gerhard Peitz an, biologisch zu wirtschaften. »Das war für mich gar keine Frage – Landwirtschaft liegt mir. Zu DDR-Zeiten ging das ja nicht, da konnte man mit seinem Eigentum nicht machen, was man wollte.« Gerhard Peitz hatte darum jahrelang in einem ganz anderen Beruf sein Geld verdient und sich erst nach der Wende wieder in die Landwirtschaft hineingearbeitet. »Und lesen muss man! Ich hab anfangs fast jeden Abend Fachbücher gewälzt, aber es lohnt sich.« Gerhard Peitz bewirtschaftet inzwischen gut 60 Hektar Land, baut Getreide an, hält Mutterkühe – alles nach den strengen Bio-Richtlinien. »Einmal bin ich davon überzeugt, das Bio-Anbau gesünder ist,« begründet er sein Öko-Engagement, »und außerdem, bei so kleinen Flächen wie bei uns ist das auch rechnerisch günstiger. Man hat zwar mehr Aufwand pro Hektar, aber da die Flächen klein sind, ist das noch gut zu schaffen.«

Gerhard Peitz präsentiert sein Bio-Gemüse stilecht im Korb.

Für uns hat er noch einen letzten Rest seiner Erbsen stehen gelassen. Heike soll bei der Ernte helfen. Der »Fortschritt«, wie die Marke des alten Mähdrescher heißt, ist in die Jahre gekommen. Das Gerät ist Baujahr 1972, aber es läuft. »Den muss man pflegen, aber dann tut er es auch. Ein Neuer kostet gut 150.000 Euro, da halte ich lieber den alten in Schuss!« Gerhard Peitz wirft das alte Gerät an – unserem Tonmann fliegen fast die Ohren weg. Heike kann mitfahren, aber jede Unterhaltung ist dabei unmöglich. Hinterher erfährt

Glückliches Hühnerleben auf dem Biohof Peitz.

sie, dass die Erbsen nicht in die Suppe, sondern wieder in den Boden kommen. »Das sind Vermehrungserbsen für den ökologischen Landbau«, erklärt Gerhard Peitz, »die liefern wir als Saatgut an andere Biobetriebe. Der größte Teil davon geht in den Export nach Skandinavien.«

Selbstvermarktung ab Hof, das ist uns schon bei der Anreise klar geworden, ist in Moltzow kaum möglich – die Wege sind zu weit, die Region viel zu dünn besiedelt. Und im Garten pflanzen fast alle selbst Gemüse an. Darum sind die Bio-Beete von Gerhard Peitz auch relativ klein. »Das ist eigentlich nur für den Eigenbedarf und unsere Feriengäste,« erzählt der dynamische Biobauer, während Heike die Tomaten probiert. »Es gehört für mich einfach dazu, eigenes Gemüse zu haben.« Natürlich hält die Familie Peitz auch freilaufende Hühner, Enten, Gänse, Kaninchen, Tauben, Ziegen, Schafe. »Alle Tiere sind handzahm,« erzählt Gerhard Peitz, während Heike im Hühnerhaus frische Eier sammelt, »die Kinder unserer Feriengäste haben immer einen Heidenspaß.«

Tiere, Natur und viel Ruhe – gern würden wir uns hier für ein paar Tage »hängen lassen«. Aber die milde Abendsonne treibt uns weiter – ideales Licht für schöne Stimmungsbilder einer schönen Landpartie.

Biohof Peitz
Feldweg 3
17194 Klocksin/Moltzow
Telefon 03 99 33 / 7 08 39
E-Mail peitzerchen@gmx.de
www.biohof-peitz.de

Auch die Blumen gedeihen bei Familie Peitz prächtig.

Gauchos an der Müritz

Am anderen Ende der »Mecklenburgischen Schweiz« liegt Gut Dalwitz, ebenfalls seit Anfang der neunziger Jahre Mitglied bei »Biopark«. Mit gut 1.000 Hektar Land in der Bewirtschaftung ist Gut Dalwitz einer der größeren Bio-Betriebe in Mecklenburg-Vorpommern. Über Kopfsteinpflaster geht es durch das alte Torhaus, dann mit elegantem Schwung über die Brücke des Schlossgrabens zum Rondell vorm Gutshaus – mit dem Fahrrad zwar eine etwas holperige, aber imposante Anfahrt. Heike und die Teamkollegen sind sehr angetan von der eindrucksvollen Gutsanlage im Tudorstil, die im Dorf als »Schloss« bezeichnet wird. Wir sind mit Dr. Heinrich Graf von Bassewitz verabredet, dessen Familie zum mecklenburgischen Uradel gehört.

Heinrich von Bassewitz ist promovierter Agrarökonom, hat zehn Jahre im Entwicklungsdienst in Afrika gearbeitet, war fünf Jahre Agrarberater in Uruguay und ist nach der Wende zurück nach Deutschland gekommen, um sich mal den alten Familienbesitz genauer anzusehen. Gegen alle Vernunft und gegen den Rat der Familie hat er sich dann entschieden, mit allen Ersparnissen den enteigneten Familienbesitz zurückzukaufen bzw. zu pachten. Das heute so schmucke Gutshaus war vor zehn Jahren noch eine Ruine, drohte damals völlig zusammen zu fallen. Stück für Stück und mit der Unterstützung und dem Wohlwollen der Menschen in Dalwitz gelang es ihm langsam, einen rund laufenden Familienbetrieb aufzubauen.

Achim und ich haben in den vergangenen Jahren häufiger mal in Dalwitz gedreht, die Entwicklung des Unternehmens teilweise mitverfolgt. Heike kann sich trotz unserer Erzählungen nicht genau vorstellen, was sie alles erwartet. Sie steht heute unter einem ganz besonderen Stress: Neben der ökologischen Rinderhal-

Gut Dalwitz – eine eindrucksvolle Anlage im Tudorstil.

Im Reitstall auf Gut Dalwitz wird alles für den Ausritt vorbereitet.

tung steht ein kleiner Wanderritt auf dem Programm – und Heike hat noch nie im Leben vorher auf einem Pferd gesessen. Der geplante Ritt, der Graf, das Schloss – das alles klingt zunächst Respekt einflößend. Kaum sind wir da, gehts los. Hemdsärmlig begrüßt Heinrich von Bassewitz die etwas aufgeregte Heike auf der Freitreppe vor dem Schlossportal – die beiden verstehen sich auf Anhieb. Heike interessiert sich zunächst für die Geschichte. »Gut Dalwitz ist seit 1349 im Besitz unserer Familie, mal abgesehen von einer kleinen Unterbrechung von 45 Jahren«, schmunzelt der Graf. Eigentlich wollte er das Gut zunächst gar nicht biologisch bewirtschaften. Aber angesichts der sehr leichten Böden und der großen Grünlandflächen war eine konventionelle Bewirtschaftung des Gutes kaum rentabel. Mittlerweile sind rund 25 Mitarbeiter auf dem Gutsgelände beschäftigt und kümmern sich um Biorinder, Ackerbau, Ferienwohnungen oder arbeiten in der Zaunbaufirma »Ranching Consult«, im Gutsrestaurant oder auf dem angeschlossenen Reiterhof, den Gabriel Rodenberg in eigener Regie führt.

»Den Betrieb können Sie wirklich am besten vom Pferd aus erleben«, muntert Heinrich von Bassewitz Heike auf. Über 70 Pferde und Ponys sind auf Dalwitz zu Hause, davon 24 Criollos. »Die ersten habe ich selbst aus Uruguay mitgebracht. Das sind die idealen Pferde zum Wanderreiten und zum Arbeiten mit Rindern«, erläutert Heinrich von Bassewitz.

»Das war leider eine nicht ganz gelungene Geschäftsidee, aber sie macht Spaß«, lacht er, «die wollten wir eigentlich hier verkaufen, aber das hat nicht so richtig geklappt. Jetzt züchten wir sie, aber für uns sind sie mehr ein Hobby. Für den Reitstall sind die Criollos genau richtig: Sie sind ruhig, beißen nicht, schlagen nicht, sind ganz zahme Pferde.« Auf einer solchen zahmen Criollo-Stute soll Heike jetzt ihre ersten Reiterfahrungen machen. »Die ist sechs Jahre alt, hier gezogen wor-

Der Reitergruppe immer eine Pferdelänge voraus: das NDR-Team im Pick-up.

den, von mir selbst eingeritten«, beruhigt nun der Fachmann Gabriel Rodenberg Heike und erklärt ihr, worauf sie beim Reiten im Westernsattel achten muss. »Einfach die Zügel in eine Hand nehmen und wenn Sie nach rechts wollen, einfach nach rechts halten und umgekehrt ... ganz einfach.« Gabriel Rodenberg hat Talent, Heike verliert ihren großen Respekt vor den Pferden etwas. Als sie dann vor laufender Kamera tatsächlich aufsitzt, ist es wirklich das erste Mal im Leben.

Begleitet von etlichen Feriengästen reitet die Gruppe an und Heike lässt sich hoch zu Ross von Gabriel Rodenberg erzählen, welche Wanderritte er anbietet. Von Tagesausritten mit Reitausbildung bis hin zu mehrtägigen Trails mit Übernachtungen in einfachen Camps beim Lagerfeuer in freier Natur. Ob auf den in Dalwitz beheimateten Criollos, Ponys oder Mecklenburgischen Warmblutpferden oder auch auf mitgebrachten eigenen Pferden – alles ist möglich. Eine Landschaft, wie zum Reiten geschaffen, durchzogen von Wäldern, ausgedehnten Wiesen und Feldern bis zum Horizont, nur durchbrochen von Knicks, vorbei an Hünengräbern und viel Wasser. Vom idyllischen Waldsee bis hin zu größeren Gewässern, Bächen und Flüssen. Man könne hier stunden-, wenn nicht tagelang unterwegs sein, ohne einen Menschen zu treffen oder geteerte Straßen zu überqueren, schwärmt Heinrich von Bassewitz.

Bis hierhin ist alles vorausgeplant, unser Pick-up mit den Kameras ist der kleinen Reitergruppe immer vorausgefahren. Der Dreh ist im Prinzip im Kasten. Doch dann biegt die Gruppe plötzlich links in einen kleinen Hohlweg ab und Heike ist ganz vorn mit dabei. Unmöglich, selbst für Geländewagen, da hinterher zu wollen. Etwas verdutzt gucken wir ihnen nach und wünschen Heike im Stillen noch alles Gute, denn der kleine Wanderritt zur verabredeten Rinderkoppel wird gut zwei Stunden dauern. Gemächlich fahren wir voraus, machen eine ausgedehnte Kaffeepause und warten. Die Rinder um uns herum verlieren sich auf den riesigen Weiden, grasen vereinzelt gemütlich vor sich hin.

Und irgendwann kommt sie hinter uns aus dem Knick heraus: Die abhanden gekommene Reitergruppe mit einer strahlenden und stolzen Heike. Jetzt sollen die Criollos noch mal zeigen, was sie am besten können, nämlich Rinder treiben. Die nicht ganz so erfahrenen Reiter wie Heike sitzen ab, die anderen sammeln die Herde. »Das machen die Criollos fast von allein, wie Hirtenhunde. Die kennen die Arbeit, das macht ihnen auch richtig Spaß – den Reitern übrigens auch«, erklärt Heinrich von Bassewitz. Genau so würden sie meistens auch bei der alltäglichen Arbeit die Rinder zusammenholen. Nicht ganz zu Unrecht fühlt sich Heike an die Gauchos Südamerikas erinnert, denn genauso werden dort tatsächlich Rinder gehalten. Von dort hat auch Heinrich von Bassewitz die Idee mitgebracht, in Mecklenburg Rindfleisch bester Qualität zu produzieren. »Wie in Südamerika halten wir unsere Tiere ausschließlich auf Weiden und ohne Kraftfutter. Wie die Südamerikaner schlachten wir nur Ochsen und Färsen, denn die haben das beste Fleisch. Es ist marmorierter und zarter. Bullenfleisch dagegen, das in Deutschland meist aus Intensivmast kommt, ist von Natur aus schon viel trockener und faseriger. Ein richtig gutes Steak kommt eben nur vom Ochsen oder einer Färse, wie die jungen weiblichen Kühe im Landjargon heißen«, fasst Heinrich von Bassewitz seine Qualitätsphilosophie zusammen, während die Rinderherde an uns vorbeiprescht. Das Bio-Fleisch aus Dalwitz und den anderen Betrieben, die nach den Öko- und Qualitätskriterien des Verbandes »Biopark« arbeiten, kann man entweder vor Ort oder in den Geschäften von Edeka-Nord kaufen. Wer will, kann sogar mit Hilfe des von der Edeka praktizierten Einzel-

Gabriel Rodenberg bietet Wanderritte auf Gut Dalwitz an und zwischendurch auch mal einen am Lagerfeuer gekochten Kaffee!

Bio-Fleisch und Co. werden hier nach südamerikanischer Art gegrillt!

tiernachweises nachvollziehen, ob das Steak auch tatsächlich aus Dalwitz oder von einem anderen Biopark-Betrieb stammt.

Inzwischen haben Gabriel Rodenbergs Mitarbeiter am Lagerfeuer ein zünftiges Mittagessen vorbereitet. Langsam kehrt Ruhe ein und Heinrich von Bassewitz kann Heike seiner Frau Lucy vorstellen. »Wir haben uns in Uruguay kennengelernt und geheiratet. Eigentlich wollten wir uns dort eine Estancia kaufen, aber dann kam ein Anruf aus Deutschland, die Mauer sei weg …« und so ist die junge Uruguayerin nach einer kurzen Bedenkzeit mitten in die mecklenburgische Pampa geraten. Eigentlich, erzählt sie, hätte sie sich früher nie vorstellen können, auf dem Lande zu leben, aber inzwischen sei Dalwitz ihr zu Hause. Die Umgebung und vor allem die Menschen hätten ihr die Eingewöhnung leicht gemacht.

Lucy von Bassewitz stammt aus Uruguay – jetzt kümmert sie sich um die Ferienwohnungen auf Gut Dalwitz.

Lucy von Bassewitz kümmert sich um die fünf Ferienwohnungen im ehemaligen Verwalterhaus und die fünf Doppelzimmer im Gutshaus. Alle Ferienzimmer und -wohnungen sind geschmackvoll und individuell eingerichtet, hübsch mit frischen Blumen aus dem Garten dekoriert. Dort wächst auch das Gemüse, mit dem sich die Feriengäste nach Belieben selbst eindecken können. Und wer nicht selbst kochen möchte, kann sich im hofeigenen Restaurant »La Remise« verwöhnen lassen. Dort werden die meist hofeigenen Bio-Produkte vom Rindfleisch bis zum Gemüse nach französischer Kochkunst lecker zubereitet. Für diese vielfältigen Angebote – Tennisplatz und Reithalle inklusive – ist Gut Dalwitz jüngst sogar ausgezeichnet worden: als »Ferienhof des Jahres 2001«, verliehen von der Deutschen Landwirtschaftsgesellschaft. Die niederländische Königsfamilie war auch schon da. Für den Sommer hat sich Prinz Charles, selbst engagierter Biobauer, angemeldet!

Gut Dalwitz
Dorfstraße 44, 17179 Dalwitz
Telefon 03 99 33 / 7 08 39
E-Mail lucyb@t-online.de
www.gutdalwitz.de

Reiterhof »La Primera«
Gabriel Rodenberg
Dorfstraße
17179 Dalwitz
Telefon 03 99 72 / 5 02 76
E-Mail reiterhoflaprimera@freenet.de

Verband Biopark e.V.
Karl-Liebknecht-Str. 26
19395 Karow
E-Mail info@biopark.de
www.biopark.de

Biopark-Rindfleisch gibt es in allen Märkten von Edeka-Nord in Schleswig-Holstein, Hamburg, Mecklenburg-Vorpommern sowie in Nord-Niedersachsen und Nord-Brandenburg
www.edeka.de/gutfleisch

Aus Neu mach Alt!

»Leben wie vor tausend Jahren« – das lässt sich nachempfinden im Slawendorf Passentin, zwischen Waren und Neubrandenburg gelegen. Hinter einem hohen Holzpalisadenzaun, den Heike durch eine kleine Tür im wuchtigen Torhaus durchschreiten kann, liegt eine kleines Dorf, das an das berühmte kleine gallische Dorf von Asterix und Obelix erinnert – nur die Bewohner fehlen. Vor einem der strohgedeckten Holzhäuschen sitzt Harry Garling und werkelt mit Holz. In seiner »Heinzelbank« kann er das Werkstück durch ein einfaches Hebelwerk

Das Slawendorf Passentin ist der Zeit von vor etwa tausend Jahren nachempfunden.

Harry Garling werkelt mit Holz und zeigt Heike Götz alte Schnitztechniken.

mit den Füßen festklemmen und so mit beiden Händen bearbeiten. Passend zum Zeitsprung in die erste Jahrtausendwende hat sich Heike ein einfaches Kleid aus grobem Nesselstoff angezogen. Indes, trotz des tausendjährigen Ambientes ist das Dorf ganz neu. »Wir bauen hier seit 1994«, erzählt Harry Garling, »und versuchen dabei, den Baustil der Slawen nachzuahmen.« Denn alles, was man heute über die Slawen weiß, stammt aus Ausgrabungen, schriftlich ist nichts überliefert. »Wir wissen sehr genau, wie beispielsweise die Grundrisse der Häuser und Dorfanlagen aussahen, kennen auch die Baumaterialien wie Holz, Lehm oder Schilfgeflecht, aber über den Hochbau gibt es keine genauen Erkenntnisse.«

Schmied Uwe Böttcher formt Stück für Stück ein Messer. Schmiedejunge Markus assistiert ihm dabei.

Harry Garling schildert ganz offen, dass das Dorf deswegen auch nur eine Nachempfindung ist, aber »so könnte es tatsächlich einmal ausgesehen haben«. Im Vordergrund stehen in Passentin denn auch die alten Handwerkstechniken, die die Besucher selbst ausprobieren sollen. »Schnitzen, Töpfern, Weben, Schmieden, Flechten, Brot backen, Kochen am offenen Feuer und dabei das Feuer ohne Feuerzeug entzünden ...«, Harry Garling gerät richtig ins Schwärmen, während er aufzählt, was jetzt schon und in den nächsten Monaten im Slawendorf an praktischen Aktivitäten möglich sein wird. Denn noch immer ist das Projekt im Aufbau, gefördert aus den verschiedensten Töpfen und hauptsächlich umgesetzt von ABM-Kräften.

Ein paar Hütten weiter qualmt der Schornstein. Schmiedemeister Uwe Böttcher hat die nach historischem Vorbild eingerichtete Feuerstelle angeheizt. Mit zwei ledernen Blasebälgen pustet der zwölfjährige »Schmiedejunge« Markus nach Anweisungen des Meisters unermüdlich Luft ins Schmiedefeuer.

Uwe Böttcher ist auch im »richtigen« Leben Schmied im nahgelegenen Penzlin. »Im Grunde arbeiten wir handwerklich heute noch so wie vor 1000 Jahren, die Schmiedetechnik hat sich kaum geändert«, erzählt er, während er ein Stück fast weiß glühendes Eisen auf dem Amboss bearbeitet. Ganz früher wurde das heiße Eisen einfach auf einem Stein bearbeitet, doch so ein eiserner Amboss ist wohl auch schon bei den Slawen üblich gewesen. Immer wieder legt Böttcher das Eisenteil ins Feuer, um die richtige Schmiedetemperatur zu erreichen. Stück für Stück formt er mit wuchtigen Hammerschlägen ein Messer. »Das brauchen Sie nachher nur noch zu schleifen, dann ist es fertig.«

»Leben wie vor tausend Jahren« – ob man das heute noch kann, können demnächst Gruppen, die gleich für ein paar Tage im Dorf bleiben wollen, selbst ausprobieren. Sogar »Warmduscher« werden mitmachen können, denn die Behörden genehmigen hierzulande so etwas erst, wenn das lang geplante Sanitärgebäude im Slawendorf wirklich betriebsbereit ist.

Soviel Neuzeit muss wohl sein, auch wenn die alten Slawen darüber höchst verblüfft wären.

Förderverein Slawendorf Passentin e.V.
Dorfstraße 10
17217 Mallin
Telefon 0 39 62 / 21 05 05 o. 21 21 06
Telefax 0 39 62 / 21 21 11
E-Mail
Slawendorf-Passentin@t-online.de

Das Slawendorf hat während der Saison von Mai bis Oktober geöffnet: Mo–Fr 8.00–16.00 Uhr, an Wochenenden und feiertags von 13.00–17.00 Uhr.
Größere Gruppen sollten sich anmelden.

Metallbau Uwe Böttcher
Stavenhagener Str. 11
17217 Penzlin
Telefon und Fax 0 39 62 / 21 03 33

Adlerblicke und Falkenfedern

Endlich mal einen Adler aus der Nähe erleben – nachdem wir häufiger mal einen der großen Greifvögel in der Ferne haben kreisen sehen (ein ferner schwarzer Punkt am Himmel), sind wir bei Familie Loerke auf der Burgruine von Wredenhagen an der richtigen Adresse. Marko Loerke ist einer der ganz wenigen Berufsfalkner in Deutschland, die noch die Jahrtausende alte Kunst der Jagd mit Falken und Adlern beherrschen und öffentlich zeigen. Seine täglichen (außer montags) Flugvorführungen im Sommer, mit den mehr als zwanzig verschiedenen Greifvögeln vom Adler bis zum Uhu, sind nicht nur spannende Unterhaltung, sondern auch hochinteressant. Denn nicht die Jagd, sondern Lebensweise und Lebensraum der einheimischen Greifvögel stehen dabei im Vordergrund.

Wir treffen Marko Loerke an seiner »Falknerbude«, wie er sein Domizil zu Füßen der Burgruine nennt. Nacheinander trägt er die Vögel auf dem Arm zum »Flugplatz«. Ausnahmsweise darf Heike mithelfen, denn so ganz ungefährlich ist der Umgang mit Greifvögeln nicht. »Die

über die Köpfe der Zuschauer hinwegzischen und nach der von Marko Loerke geschleuderten Beute jagen. Selbst die Kinder kommen auf ihre Kosten, dürfen Uhu Rudi vorsichtig berühren und erfahren etwas über den lautlosen Jäger der Nacht. Auch für angehende Hobby-Falkner hat Loerke einen Rat: »Versuchen Sie mal, Ihrer Katze zu Hause Sitz, Platz und bei Fuß beizubringen. Wenn Sie das packen, bringen Sie schon mal eine Voraussetzung für die Falknerei mit.« Er selbst hat schon als Kind angefangen und seinem Wellensittich Kunststückchen beigebracht, bevor er dann von einem erfahrenen Falkner in die Geheimnisse im Umgang mit Greifvögeln eingeweiht wurde. Höhe- und Endpunkt der Schau ist der Flug des Schwarzmilans, auch Gabelweihe genannt, der im Gleichklang zur Musik langsam seine Kreise zieht. Die Faszination der Greifvögel hat sich spätestens jetzt, nach gut anderthalb Stunden Programm, auf alle übertragen.

Info

Die Schau auf der Burg läuft täglich von Karfreitag bis 30. September um 14.30 Uhr und 16.30. Uhr Für Kinder- und Jugendgruppen ist nach Absprache ein gesondertes Vormittagsprogramm möglich. Montags ist Ruhetag. Fällt der Montag auf einen Feiertag, dann ist am folgenden Dienstag Ruhetag. Vom 1. Oktober bis 31. Oktober finden die Vorführungen um 14.00 Uhr an der Falknerbude am Fuße der Burg statt. Vom 1. Dezember bis 28. Februar bietet Marko Loerke Wanderungen mit Adler, Hund und Falkner an, immer sonntags um 14.00 Uhr. In der Zeit zwischen dem 26. Dezember und 1. Januar sogar täglich um 14.00 Uhr.
Vom 1. November bis 31. Januar nimmt Marko Loerke nach vorheriger Anmeldung und Absprache gelegentlich auch interessierte Jäger mit zu Beizjagd im eigenen Revier.
Alle Veranstaltungen sind natürlich immer abhängig vom Wetter.

Historischer Adler- und Falkenhof
Burg Wredenhagen
Am Burgberg 1
17209 Wredenhagen
Telefon und Fax 03 99 25 / 25 64
Mobil 0171 / 4 96 22 41
E-Mail Adleru.FalkenhofWredenhagen@t-online.de

Kartoffeln aus der Brotfabrik

Von Wredenhagen aus sind es nur wenige Kilometer bis zu einem der größten deutschen Kartoffelbauern – zumindest, was die Anbaufläche angeht. In Bütow sind wir mit Dr. Karl-Heinrich Niehoff verabredet, der das ehemalige Volkseigene Gut nach der Wende gepachtet bzw. gekauft hat. Wir treffen ihn vor einem beeindruckenden Backsteinbau aus den zwanziger Jahren – damals schon ein Symbol für innovative Geschäftsideen. »Einer meiner Vorgänger hier«, erzählt Dr. Niehoff, »hat in Bütow eine der ersten Brotfabriken Deutschlands gebaut und von hier aus jeden Tag frisches Brot mit der Bahn nach Berlin geliefert. Die Silos dahinten,« er zeigt auf das hohe Backsteingebäude, »nutzen wir heute als Getreidespeicher für unser Saatgut, das wir hier anbauen.« Denn auf den knapp 1500 Hektar Ackerland baut Dr. Niehoff zusammen mit 25 Mitarbeitern neben Kartoffeln vor allem auch Getreide zur Saatgutproduktion an.

Auf dem Acker läuft die Kartoffelernte schon auf Hochtouren. Zusammen mit Dr. Niehoff und drei weiteren Frauen steht Heike oben auf dem Kartoffelroder und sortiert Steine aus. Die Kartoffeln, erfährt sie, seien gar nicht für den Kochtopf, sondern in erster Linie für die Industrie bestimmt. »Ein Drittel der deutschen Kartoffelproduktion«, erzählt der Experte, »geht in die Stärkeproduktion. Kartoffelstärke ist ein wich-

Dr. Karl-Heinrich Niehoff erläutert Heike Götz den Kartoffelanbau auf seinem Gut in Bütow.

tiger Rohstoff, beispielsweise für die Papierindustrie.« Auf Gut Bütow werden deshalb überwiegend Kartoffeln angebaut, die einen besonders hohen Stärkegehalt haben.

Neben dem Kartoffelanbau in industriellen Dimensionen wird auf Gut Bütow auch noch die ganz althergebrachte Ernte per Hand praktiziert. Denn das Gut ist traditionell ein Betrieb, der selbst neue Kartoffelsorten züchtet und vermehrt. In ganz kleinen Parzellen auf dem riesigen Acker werden laufend neue Kartoffelsorten auf ihre Qualitäten hin getestet. »Von vielleicht 1000 Züchtungen, die gemacht werden, ist bestenfalls eine dabei, die dann vom Bundessortenamt zugelassen wird. Und von zehn neu zugelassenen Sorten ist dann wiederum vielleicht eine dabei, die später am Markt mal eine Bedeutung erlangt«, beschreibt Niehoff das mühselige Geschäft der Züchter. Zusammen mit Heike erntet er ein paar Säcke voll einer neuen Sorte. Ob mit ihr weiter gearbeitet wird, entscheidet sich erst später im Labor, wenn die genauen Inhaltsstoffe bestimmt sind. Dank der Zu-

Kartoffelernte auf Gut Bütow.

sammenarbeit mit einem holländischen Zuchtunternehmen und vor allem wegen der ausgefeilten Anbautechnik gilt Gut Bütow als Musterbetrieb und macht dem guten Ruf des »Kartoffellandes Mecklenburg-Vorpommern« alle Ehre.

Gut Bütow
17209 Bütow
Telefon 03 99 22 / 80 80
Telefax 03 99 22 / 22 46
E-Mail GutBütow@t-online.de

Bollewicks Scheune

Für die Anmoderation auf dem Fahrrad hat Heike fast drei Minuten Zeit. Immer an der Scheune entlang fahrend, soll sie der Kamera erzählen, wo wir sind, worum es geht. Wenn sie mit ihrem Text fertig ist, so die Idee, soll unser Drehort komplett im Bild sein, die Scheune Bollewick. Mit einer Länge von 125 Metern und 34 Metern Breite ist sie die größte Feldsteinscheune Deutschlands. Beide Stockwerke zusammengerechnet, bietet sie eine Nutzfläche von knapp einem Hektar. Nach zwei Anläufen, die Scheune ist einfach zu lang für die dann doch kurze Moderation, haben wir es im Kasten und auch die Aussprache stimmt: Es heißt hier »Boleewig«, obwohl »Bollewick« geschrieben.

Gebaut hat sie 1881 Baron von Langermann zu Dambeck und Spitzkuhn als Scheune von »kolossalen Ausmaßen«. Die LPG hat sie zuletzt als Milchviehanlage genutzt. 1991 war die Scheune »eine übelriechende Altlast«, wie eine Lokalzeitung schrieb und sollte abgerissen werden. Für den Erhalt des alten Gemäuers gab es zu DDR-Zeiten keine Mittel. Dank eines unermüdlichen Bürgermeisters ist die Scheune Bollewick heute wieder eine Attraktion: In ihrer Markthalle gibt es vielfältige Produkte aus der Region zu kaufen, viele Handwerkstätten wie z. B. eine Korbflechterei, eine Töpferei sowie eine Weberei und eine ambitionierte Schneiderei haben dort ihre Werkstätten. Seit kurzem hat darin auch ein Hotel mit einer rustikalen und behaglichen Atmosphäre geöffnet.

Wir sind mit Brigitte Bugenings verabredet, die in der Scheune einen kleinen Tee- und Kräuterladen hat. Sie begrüßt uns gleich draußen im Kräuterbeet, denn einen Großteil ihrer Heil- und Teekräuter erntet sie selbst. Von ihren Kollegen wird sie liebevoll als »Kräuterhexe« bezeichnet, denn Brigitte Bugenings, gelernte Diplom-Gärtnerin, hat sich intensiv mit dem Wissen der traditionsreichen Heilkräuter beschäftigt, hält Vorträge zum Thema »Magie und Zauberpflanzen« und natürlich kennt sie auch die Mittel, mit denen man sich vor Zauberei schützen kann: »Sehen Sie hier«, sie zeigt ein kleines, kreuzförmiges Blatt, »das ist die Weinraute. Die wurde im Mittelalter sehr gerne als Mittelchen gegen den Zauber von Hexen und Dämonen benutzt.« Das Blatt der Weinraute ist übrigens weltbekannt – als Kreuzsymbol auf den französischen Spielkarten. »Und wenn Sie mal richtig wütend sind und dabei Weinraute aussäen,« fährt Brigitte Bugenings augenzwinkernd fort, »dann können sie damit ihren Nachbarn Kröten und Schlangen ins Haus wünschen.« Heute wird Weinraute, die würzig-scharf schmeckt, vor allem in Frankreich und Italien in geringen Mengen zum Würzen von Eiern, Käse oder Wild benutzt – und im großen Stil zum Abschmecken des italienischen Grappas.

Ob Johanniskraut, Wegwarte, Königskerzen – zu jeder dieser Pflanzen kennt Brigitte Bugenings die überlieferten Geschichten und auch den naturwissenschaftlichen Hintergrund. In ihrer kleinen Teestube setzt sie zusammen mit Heike einen frischen Tee auf, präsentiert ihre verkaufsfertigen Kräuterteemischungen für jede Lebenslage. »Wie wärs mal mit einem Liebestee?«, fordert sie Heike auf. »Ganz im Ernst, als sich vor etlichen hundert Jahren die einfachen Leute noch keine Ärzte leisten konnten, war man auf die Wirkung der Heilkräuter angewiesen.« So ganz harmlos sind die Heilkräuter nicht, erzählt Brigitte Bugenings, man muss Bescheid wissen. Schon

Die Bollewick-Scheune ist eine Scheune mit »kolossalen Ausmaßen«.

Zu jedem Kraut kennt Brigitte Bugenings auch die überlieferte Geschichte. In ihrem Tee- und Kräuterladen gibt sie ihr Wissen weiter.

beim Sammeln müsse man die Pflanzen natürlich genau kennen und vor allen Dingen richtig trocknen, sodass sich kein Schimmel bilden kann. Außerdem: Nicht alle Kräuter kann man über einen längeren Zeitraum ohne Nebenwirkungen einnehmen. »Fragen Sie im Zweifelsfall lieber Ihren Arzt oder Apotheker, wie es so schön heißt«, gibt sie Heike zum Schluss mit auf den Weg.

Die Scheune Bollewick
Dudel 1
17207 Bollewick
Telefon 03 99 31 / 5 39 17
Telefax 03 99 31 / 5 56 37
E-Mail DieScheune@t-online.de
www.die-scheune.m-vp.de

Bauernladen »Die Scheune«
Bärbel Kell
Dudel 1
17207 Bollewick
Telefon 03 99 31 / 5 20 22
Telefax 03 99 31 / 5 20 24

Scheunenhotel
c/o Reschke Gastronomie GmbH
Dudel 1
17207 Bollewick
Telefon 03 99 31 / 58 07-0
Telefax 03 99 31 / 58 07-1 11
E-Mail
Scheunenhotel.Bollewick@t-online.de

Tipp:

Wer sich noch mehr für die historischen Hexen interessiert, der sollte von Bollewick weiter Richtung Neubrandenburg fahren und in Penzlin Station machen. In der alten Burg von Penzlin befindet sich das »Museum für Magie und Hexenverfolgungen«. In Mecklenburg wurden bis in das 18. Jahrhundert hinein mindesten 2000 Hexenprozesse geführt. Im Ostflügel der Burg sind in sieben Meter Tiefe noch die alten Hexenverliese erhalten, die bautechnisch den Anforderungen des »Hexenhammers« von 1487 entsprechen – samt den dazugehörigen Folterwerkzeugen.

Öffnungszeiten:
Mai bis Oktober Di–Fr 9.00–17.00 Uhr, Sa/So, Feiertags 10.00–17.00 Uhr und November bis April, Di u. Mi 10.00–13.00 Uhr, Sa/So, Feiertags 13.00–16.00 Uhr.

Führungen finden etwa alle 40 Minuten statt. Sonderführungen, auch außerhalb der Öffnungszeiten sind nach Anmeldung und Absprache möglich

Museum Alte Burg Penzlin
Am Wall 15
17317 Penzlin
Telefon 0 39 62 21 / 04 94
Telefax 0 39 62 21 / 01 35
Tourist Info und Zimmervermittlung:
0 39 62 / 21 00 64

Ein echtes Kultur-Gut

Dunkle Wolken, strömender Regen und vor uns die ausgebrannte Ruine eines trutzigen Wasserschlosses – wie ein schreckliches Bild aus einer längst vergangenen Zeit. Und doch ist es erst zehn Jahre her, dass ich durch Zufall mit einem Kamerateam nach Ulrichshusen geraten bin. Erst vier Jahre zuvor war der alte Familiensitz aus dem Jahre 1562, bis dahin eines der wenigen erhaltenen Landschlösser aus der Renaissancezeit, abgebrannt. Planmäßig angezündet von der Staatssicherheit, wie es damals gerüchteweise hieß, weil sich die DDR nicht nachsagen lassen

Nach ihrem Wiederaufbau strahlt die Wasserburg Ulrichshusen in neuem Glanz.

wollte, für den Erhalt solcher Kulturgüter keine Mittel zu haben. Unvorstellbar, dass sich jemand daran machen könnte, dieses Schloss tatsächlich wieder aufzubauen.

Als wir zehn Jahre später mit dem großen Landpartie-Team kommen, strahlt Ulrichshusen schöner denn je. Kein Wunder ist geschehen, sondern jemand hat energisch die Ärmel aufgekrempelt und unbeirrt angefangen zu arbeiten: Helmuth und Angelika von Maltzahn, die Nachkommen des einstigen Erbauers Ulrich von Maltzahn. Stolz führt uns Angelika Freifrau von Maltzahn durch das neu aufgebaute Schloss. Hinein gehts durch einen aus Feldsteinen gemauerten Rundturm und schon stehen wir in einem großzügig gestalteten Saal. »Früher gab es hier eine ganz normale Zimmereinteilung«, erzählt die sympathische Schlossherrin, »dieser Saal ist im Grunde erst durch den Brand entstanden. Jetzt veranstalten wir hier oft Konzerte oder vermieten ihn für Feiern.« Trotzdem atmet der Raum die bald 500-jährige Geschichte des Hauses, obwohl er völlig neu aufgebaut wurde. Besonders beeindruckend sind die vermeintlich aus Sandstein gebauten Türportale. Erst bei ganz genauer Betrachtung lässt sich sehen und fühlen, dass es sich um geschickte Malerei handelt. Die Bauherren haben den russischen Trompe l'oeil-Maler Alexeij Semakow beauftragt, das Schloss stilvoll auszugestalten. Original erhalten dagegen ist die große Feuerstelle, die paradoxerweise den Brand überdauert hat. »Immerhin, wir hatten hier keine Probleme mit Holzwürmern oder Hausschwamm«, ergänzt Angelika von Maltzahn. Die Familie hat sich offensichtlich im Laufe der Renovierung angewöhnt, die Dinge grundsätzlich von der positiven Seite zu sehen.

Mit einem Fahrstuhl, der von innen so gestaltet ist, als säße man in einem Vogelkäfig und schaue auf die Landschaft von Ulrichshusen, gelangen wir in die gerade fertig gestellten Hotelzimmer. »Wir haben jedes

Zimmer anders eingerichtet«, erzählt Angelika von Maltzahn, »so, als wenn wir selbst darin wohnen würden.« Es ist denn auch dieser ganz persönliche Stil, der die luxuriös eingerichteten Zimmer so behaglich wirken lässt. Fast von jedem Zimmer aus hat man einen fantastischen Blick auf den angrenzenden See oder wenigstens über den Schlossgraben in den umgebenden Park. Ganz oben, direkt unter dem Dach des Schlossturmes, ist der Frühstücksraum, von dem aus sich die gesamte Umgebung überblicken lässt. »Wir haben das von Anfang an geplant, dass wir selbst nur einen kleinen Teil bewohnen. Wir haben ja durch die Konzerte viele Besucher, von denen wir einige gern als Hausgäste hier unterbringen wollen.« Natürlich sind auch andere Urlauber in den exklusiven Hotelzimmern jederzeit willkommen.

Im Zentrum aller Aktivitäten der Familie von Maltzahn auf Ulrichshusen stand von Anfang an die Musik. Als die Burg noch teilweise eine Ruine war, veranstalteten sie, anfangs noch unter freiem Himmel, Konzerte mit Weltstars, von Sir Yehudi Menuhin bis hin zu Anne-Sophie Mutter. Seit Jahren ist Ulrichshusen nun zentraler Spielort für die Konzerte der sommerlichen Musikfestspiele Mecklenburg-Vorpommerns. Neben dem Saal im Schloss gibt es in Sichtweite eine eigens eingerichtete Konzertscheune.

Der ehemalige Pferdestall ist jetzt Restaurant und Café, von dessen Terrasse man einen wunderbaren Blick über den Burggraben auf das Schloss genießen kann. Serviert werden regionale Spezialitäten, die zumindest zum Teil aus der eigenen Landwirtschaft stammen. Auf den weiten Wiesen um Ulrichshusen herum grasen Rinder in ökologischer Freilandhaltung. Am Herd, und das ist nicht nur unseretwegen so arrangiert, kocht der Schlossherr Helmuth von Maltzahn auch mal persönlich für seine Gäste. Heike darf mitmachen und bei der Zubereitung der Spezialität des Hauses in die Töpfe

Im ehemaligen Pferdestall ist jetzt das Restaurant Ulrichshusen zu Hause.

Schlossherr Helmuth von Maltzahn lädt Heike Götz zum Flusskrebsessen ein.

gucken: Frische Flusskrebse. »Das war hier früher das Nationalgericht, wie heute noch in Schweden,« weiß der adelige Koch zu berichten, »die Schweden waren ja lange Jahre in Mecklenburg-Vorpommern.« Und während Helmuth von Maltzahn erzählt, legt er auch gleich los, rührt die verschiedenen Zutaten für die Krebssoße zusammen, spannt Heike voll mit ein. Sofort ist klar, der Mann sprüht vor Energie und weiß auch seine Mitarbeiter mitzureißen. Als hauptberuflicher Geschäftsführer eines international agierenden Parfümerieunternehmens ist er offensichtlich ebenso erfolgreich wie als Schlossherr von Ulrichshusen.

Die Philosophie seiner Gutshofküche ist klar: »Wir wollen wenige Gerichte anbieten, die sollen dann aber sehr gut zubereitet sein.« Die Zutaten dafür sollen möglichst hier aus der Region stammen. Da Flusskrebse auch in Mecklenburg-Vorpommern selten geworden sind, soll in Ulrichshusen, in Zusammenarbeit mit dem Land, eine Krebszuchtanlage als Pilotprojekt entstehen. »So etwas gab es hier schon mal im 19. Jahrhundert im Schlosspark«, weiß Helmuth von Maltzahn. »Ich plane die neue Anlage zusammen mit unserem Fischer. Damit wird man zwar nicht reich, aber es wäre eine weitere Attraktion für Ulrichshusen.« Heike kommt mit dem Schneiden der Zutaten kaum hinterher, denn inzwischen ist die Krebssoße so gut wie fertig. Und die Krebse, die für etwa zehn Minuten im Salzwasser mit einer Prise Kümmel gekocht wurden, sind inzwischen krebsrot geworden und damit servierbereit. Gegessen wird ganz zünftig im strahlenden Sonnenschein auf der Terrasse mit dem malerischen Schloss im Hintergrund. Helmuth von Maltzahn zeigt, wie man Krebse fachmännisch mit der Hand knackt. »Den Schwanz lang, dann knicken und nach hinten abziehen.« Übrig bleibt schließlich das

Rezept:

Flusskrebse *(für 4 Personen)*

Zutaten
ca. 3 kg frische Krebse
250 g Majonaise
250 g Schmand
150 g Senf
300 g Ketchup
2 Bund Dill (»lieber mehr als weniger«)
4–5 Knoblauchzehen
Pfeffer, Salz, Zitronensaft.
ein Schuss Cognac oder Weinbrand

Zubereitung
Die Zutaten für die Soße miteinander verrühren und zum Schluss den zerkleinerten Dill und Knoblauch unterrühren. Die Krebse (pro Person rechnet man etwa 750 g frischer Krebse) werden ca. acht Minuten gekocht, bis sie rot sind und oben schwimmen. In das Kochwasser kommen ca. acht Essl. Kümmel und drei Essl. Salz gegeben.

Guten Appetit!

leckere weißlich-rote Krebsfleisch, gedippt in die frisch gerührte Soße – vom Geschmack her ein Gedicht! Zum Glück hat der Schlossherr nicht an Zutaten gespart und die beiden fassen sich vor laufender Kamera kurz. Und dazu einen trockenen Weißwein – was will man mehr?

Gut Ulrichshusen
17194 Ulrichshusen
Telefon 03 99 53 / 79 00
Telefax 03 99 53 / 7 90 99
E-Mail info@gut-ulrichshusen.de
www.gut-ulrichshusen.de

Im Juli und August gibt es tägliche Führungen durch das Schloss (11.00 Uhr und 15.00 Uhr). Das Restaurant hat täglich jeweils von 12.00 bis 22.00 Uhr geöffnet. Krebse gibt es nur in den Monaten Mai bis August nach vorheriger Anmeldung. Neben Hotelzimmern werden auf dem Gutsgelände auch komfortabel ausgestatte Ferienwohnungen vermietet. Das Schloss bietet genügend Platz für Konzerte, Hochzeiten, Firmenfeiern mit bis zu 350 Gästen. Informationen über das Konzertprogramm erhält man direkt in Ulrichshusen oder beim Büro der Festspiele Mecklenburg-Vorpommern in Schwerin.

Festspiele Mecklenburg-Vorpommern
Graf-Schack-Allee 11
19053 Schwerin
Telefon 0 38 55 91 / 85 85
E-Mail service@festspiele-mv.de
www.festspiele-mv.de

Wild auf Schwein

Regionale Spezialitäten wieder entdecken? Was andernorts zu Recht als ein kleiner Luxus gefeiert wird, ist für Hans Paschmann keine Frage. Er hat im Laufe seines Lebens ganz selbstverständlich darauf geachtet, aus wenig viel zu machen. Er hat sich, auch zu DDR-Zeiten nicht, von niemandem vorschreiben lassen, was er zu tun oder zu lassen hat und sich und seiner Familie in der kleinen Siedlung Bauernberg immer die größtmögliche Unabhängigkeit bewahrt. Seine Wildschweine gelten geschmacklich als die delikatesten überhaupt. Denn er geht nicht nur auf die Jagd, er hält auch selbst eine vielköpfige Wildschweinrotte auf seiner großen Hauskoppel.

Die Wildschweinrotte fühlt sich wohl in Möllenhagen.

Trotz des großen Areals füttert Hans Paschmann regelmäßig etwas Getreide – wir kommen gerade rechtzeitig, um uns anzuschließen. Anfangs halten die Wildschweine im Gatter noch großen Abstand. An Menschen sind sie zwar gewöhnt, aber müssen es gleich so viele Fernsehkameras sein? Hans Paschmann, mit den Futtereimern in der Hand, beruhigt uns. »Die kommen schon.« Und er behält recht – kaum ist der erste Eimer ausgekippt, können die sehr neugierigen Schweine einfach nicht widerstehen.

Wenige Minuten stehen wir inmitten der Wildschweinrotte und Heike kann das Geheimnis des unvergleichlichen Geschmacks ergründen. »Im Wald müssen die jeden Tag für ihr Futter bis zu 25 Kilometer rennen. Die hier haben es bequemer und besitzen deshalb nicht eine ganz so ausgeprägte Muskelbildung. Das Fleisch ist einfach zarter.« Hans Paschmann kennt jedes seiner Wildschweine genau. Die gewitzten Wildschweine, bekannt dafür, die Jäger regelmäßig auszutricksen, haben sich im Gatter als äußerst gelehrig erwiesen. »Als ich noch mehr Zeit hatte,« erzählt der Wildschweinzüchter, »hatte ich mal 'ne Gruppe, die hat sogar auf das Kommando »Sitz«

Hans Paschmann mag Damwild und Wildschweine.

gehört und konnte »Rechts« und »Links« unterscheiden.« Obwohl er seit langen Jahren passionierter Jäger ist, tut es ihm jedes mal Leid, wenn er wieder einige Wildschweine aus seiner Rotte schlachten soll. »Wenn man die selbst aufgezogen hat, fällt einem das Schlachten schon schwer. Aber sie sehen ja«, er zeigt auf die vielen Frischlinge, »der Zuwachs ist da, das geht immer sehr schnell. Da muss man eingreifen …«.

In einem anderen großen Gatter hält Hans Paschmann noch eine Herde Damwild, in der auch Muffelwild mitläuft. »Muffelwild sind Wildschafe«, erklärt er Heike. »Das ist Anfang des 20. Jahrhunderts in Deutschland eingebürgert worden.« Obwohl wir wieder mit gut gefüllten Eimern an der Futterstelle stehen, bleibt das Wild dieses Mal zum Leidwesen der Kamerakollegen auf Abstand.

Beim Wild aus landwirtschaftlicher Haltung, erfährt Heike, kann sich der Jäger sehr gezielt auf die »richtigen« Tiere konzentrieren und von vornherein auf gute Fleischqualität achten. Fast nebenbei unterhält die Familie Paschmann auch noch Fischteiche, Freilandgeflügel, einen wunderbaren Obst- und Gemüsegarten – »meine Frau braucht kaum einkaufen zu gehen. Fast alles, was bei uns auf den Tisch kommt, haben wir selbst erzeugt.«

Hans Paschmann kann mit Recht stolz darauf sein, dass die Familie sich fast selbst versorgen kann. Wie gut das schmeckt, darf das ganze Team gleich nach Drehschluss probieren.

Hans Paschmann
Bauernberg 1
17219 Möllenhagen/Lehsten
Telefon 03 99 28 / 59 25

Jetzt gibts Dresche!

Von Hans Paschmanns Bauernberg bis zum »Müritz-Hof« von Thomas Diener sind es nicht mal fünf Minuten. Aber dieses Mal müssen wir uns wirklich beeilen, denn der Himmel dräut finster. Drei Tage vorher hatten wir es schon mal versucht und konnten nach der Ankunft gleich wieder einpacken. Ein heftiger Hagelschauer reichte und die Weizenernte war für diesen Tag gelaufen. Obwohl wir in der ersten Augustwoche, also im Hochsommer und zur Erntezeit, drehen, stellt sich in diesem Jahr jeden Tag die gleiche bange Frage: Gibt es heute Sonne oder Regen? Bislang hatten wir uns gut durchlaviert, aber heute ist unsere allerletzte Chance, noch auf den Mähdrescher zu kommen. Es ist der letzte Drehtag.

Wieder hat der energische Enddreißiger Thomas Diener alles vorbereitet, wieder steht sein Lohnunternehmer mit dem riesigen Mähdrescher »Gewehr bei Fuß« und bislang ist noch alles trocken. Thomas Diener ist ein so genannter »Neueinrichter«: Er stammt aus dem schleswig-holsteinischen Dithmarschen und hat die Reste der einstigen LPG »Freundschaft« gekauft. Tatsächlich »in aller Freundschaft«, wie er erzählt. Die Unterstützung der Dorfbewohner beim Neuaufbau sei groß gewesen. Zu Hause, auf dem elterlichen Betrieb, sei für ihn nach dem Studium kein Platz gewesen. »Ich hatte damals für meine Eltern wohl zu große Rosinen im Kopf« – für zwei Dickschädel war der Hof in Dithmarschen offensichtlich nicht groß genug. Heute beackert Diener in Lehsten knapp 800 Hektar Land und versorgt 370 Milchkühe, zusammen mit einem Dutzend Mitarbeiter.

Mit dem Mähdrescher wird die Ernte eingefahren.

Wir richten uns auf dem trockensten Teil des Weizenackers ein, denn die Nässe der vergangenen Tage ist noch nicht ganz verschwunden. Und dann gehts doch noch los: Heike darf selbst Mähdrescher fahren. »Das hier ist der Joystick, den schieben Sie nach vorne und los gehts«. Zwar gibt es auch noch ein Lenkrad, aber ein wenig erinnern die vielen Geräte in der Fahrerkabine schon an das Cockpit einer Raumpatrouillie. Doch trotz modernster Technik sind die Getreidebauern immer noch auf das Wetter angewiesen. »Zum einen«, erklärt Thomas Diener, »würde bei Nässe das Stroh beim Dreschen verkleben und außerdem sollte das Getreide bei der Ablieferung höchstens 15 Prozent Feuchtigkeitsgehalt haben.« Andernfalls gibt es Preisabzüge oder die Trocknungsanlage, die mit teurem Treibstoff läuft, muss angeworfen werden. Es ist jedes Jahr das gleiche Spiel, den »richtigen« Erntezeitpunkt zu erwischen. Denn erntet man zu spät, drohen Qualitätsverluste.

Schon beim Ernten kann der Fahrer Daten wie den aktuellen Feuchtigkeitsgehalt, die geerntete Fläche und den Hektarertrag auf den Instrumenten ablesen. Für so eine kleine Ackerfläche lohne sich kein eigener Mähdrescher, erzählt Thomas Diener, obwohl er schon mehr als die zehnfache Fläche eines durchschnittlichen Bauernhofes bewirtschaftet. »So ein Teil kostet immerhin so viel wie ein normales Einfamilienhaus,« erläutert der Jungbauer. Also mietet er regelmäßig einen Lohnunternehmer, der Mähdrescher auch mit Fahrern anbietet. Uns wird beim Ernten schnell klar: Ein Führerschein der Klasse drei hilft auf dem Acker wenig weiter. Aber Heike schlägt sich wacker, lässt links vom Mähwerk zum Feldrand hin kaum einen Halm stehen.

Und jetzt, wo alles im Kasten ist, gesteht Thomas Diener, dass auch dieser letzte Dreh am seidenen Faden hing: Beim Probelauf am Vormittag hätte sich ein Betonpfeiler in der Einzugschnecke verkeilt – Totalschaden,

Landwirt Thomas Diener berichtet Heike Götz, wie aus der einstigen LPG »Freundschaft« sein heutiger Müritzhof geworden ist.

das Teil konnte erst im letzten Moment vor unserer Ankunft ersetzt werden. »Das Betonstück ist wohl bei Bauarbeiten an der Straße auf den Acker gefallen«, erklärt er uns lapidar. Manchmal kann es auch beruhigend sein, nicht alles vorher zu wissen.

Landwirtschaftsbetrieb Müritzhof
Thomas Diener
Hoppenbarg 5
17219 Möllenhagen/Lehsten
Telefon 03 99 28 / 57 03
Telefax 03 99 53 / 57 01
E-Mail diener@mueritzhof.de
www.mueritzhof.de

Unsere Kurztipps

Die Mecklenburgische Seenplatte mit über 1000 Seen, Flüssen und Kanälen gilt als eines der größten und schönsten Wassersportreviere Europas. Die Müritz mittendrin gilt als der größte See Deutschlands. Der Bodensee ist zwar größer, aber gehört eben zum Teil auch zu Österreich und der Schweiz. Seit der Wende entwickeln sich die Gewässer der Müritz-Region zu einem Dorado für Wassersportler. Aber selbst an Wochenenden in der Hochsaison findet hier jeder noch eine einsame

Ankerbucht oder in einem stillen Nebenarm den kleinen Anleger mit einer alten Kneipe dahinter. Die **Müritz** ist über ein weit verzweigtes Netz von Kanälen und Wasserstraßen mit der Welt verbunden – wer will, kann von Hamburg, Berlin oder auch Lübeck auf eigenem Kiel anreisen. Und wer kein eigenes Schiff mitbringt, der kann fast überall Motor- oder Segelboote mieten. In vielen Wassersportschulen in der Region läßt sich alles lernen, was zum Motorbootfahren oder Segeln nötig ist. Neuerdings werden sogar Hausboottouren angeboten, für die, nach einer intensiven Einweisung, gar kein Bootsführerschein nötig ist.

Tourismusverband Schweriner Land –
(Müritz-Elde-Wasserstraße/West)
Westmecklenburg e.V.
Alexandrinenplatz 5–7
19288 Ludwigslust
Telefon 0 38 74 / 66 69 22
Telefax 0 38 74 / 66 69 20
E-Mail
mecklenburg-schwerin@t-online.de
www.mecklenburg-schwerin.de

Tourismusverband
(Müritz-Elde-Wasserstraße/Ost)
Mecklenburgische Seenplatte e.V.
Turnplatz 2
17207 Röbel/Müritz
Telefon 0 39 931 / 5 22 25
Telefax 0 39 931 / 5 13 86
E-Mail
info@mecklenburgische-seenplatte.de
www.mecklenburgische-senplatte.de

Waren/Müritz (Müritz/Umgebung)
Kur- und Tourismus GmbH
Neuer Markt 1
17192 Waren/Müritz
Telefon 0 39 991 / 66 61 83
www.waren-tourist.de

»Ganz nah, weit weg« – unter diesem Motto ist vor den Toren des kleinen Städtchens Malchow in Göhren-Lebbin mit großem Aufwand das »**Land Fleesensee**« entstanden, ein Ferienpark, der allen Ansprüchen gerecht wird. Mitten in der Mecklenburgischen Seenplatte, auf dem halben Wege zwischen Hamburg und Berlin gelegen, lassen sich hier im Sommer wie Winter erholsame und abwechslungsreiche Ferientage erleben.

Krönender Mittelpunkt der Anlage ist das historische Schloss Blücher aus dem Jahre 1842. Das exklusiv ausgestattete Schlosshotel lässt keine Wünsche offen: eine traumhafte Lage, eine wohltuend-dezente Atmosphäre, eine Gastronomie auf fürstlichem Niveau. Der hauseigene Wellness- und Beauty Bereich sowie viele weitere Annehmlichkeiten inklusive des großzügigen Schlossparks machen es leicht, sich zu jeder Jahreszeit rundum wohl zu fühlen.

Radisson SAS Resort
Schloss Fleesensee
Schlossstr. 1
17213 Göhren-Lebbin
Telefon 0 39 932 / 80 10-0
Telefax 0 39 932 / 80 10 80 10
www.radisson.com/fleesenseede

Auf ca. 360 ha Golfland verteilen sich die drei 18-Loch und zwei 9-Loch Golfanlagen in Land Fleesensee und umrahmen damit das gesamte Resort. Kinder haben ein eigenes Club-

Im Golf & Country Club Fleesensee schwingen die Kids auf einer eigenen Spielbahn ihre Golfschläger!

haus und spielen auf dem eigens für sie gestalteten 9-Loch Kids Golf Course. Neben den weitläufigen Spielbahnen und einer offenen, entspannten Atmosphäre, bietet der Club ein riesiges Übungsareal für Golfer, 17 Tennis- und drei Squashcourts und eine exzellente eigene Gastronomie als Alternative zu den diversen Hotelrestaurants.

Golf & Country Club Fleesensee
Tannenweg 1
17213 Göhren-Lebbin
Telefon 0 39 932 / 80 40 0
Telefax 0 39 932 / 80 40 20
www.golfclub-fleesensee.de

Das »SPA«, wie sich neudeutsch heutzutage das Hotelschwimmbad nennt, ist im Land Fleesensee eine eigenständige Veranstaltung der Superlative: Ein Fitness-, Wellness-, Beauty-»Tempel«, der kaum einen Wunsch offen lässt. Thermalbecken innen und außen, Asia SPA, Pacific SPA, Römisches Bad, Ayurveda, Türkisches Hamam, Fitnessstudio, usw. Erlebt werden kann alles, was die Zeitschrift »Fit for Fun« aus der Hamburger Verlagsgruppe Milchstraße anpreist. Fit in 7 Tagen, Anti Stress-Woche oder Beauty & Mind, gesunde Ernährung. Das »**Fit for Fun Spa**« bietet alle Möglichkeiten für Fitness, Ruhe und Entspannung.

Fit for Fun SPA
An der Therme 1
17213 Göhren-Lebbin
Telefon 0 39 932 / 8 05 00
Telefax 0 39 932 / 8 05 05
www.fleesensee.de
täglich geöffnet von 10.00 bis 22.00 Uhr

Nicht ganz so exklusiv, aber ähnlich komfortabel ausgestattet ist die angrenzende Dorfanlage mit fünf landestypischen Themendörfern für den vielfältigen Familienurlaub. In den modern ausgestatteten Appartements findet sich alles – vom Kochlöffel bis hin zum Kaminofen im Wohnzimmer. Und wer im Urlaub nicht selbst kochen mag, der kann die vielen Dorfkneipen und -restaurants besuchen. Also, auf ins **Dorfhotel Fleesensee**.

Dorfhotel Fleesensee
Am Kalkberg 1
17213 Göhren-Lebbin
Telefon 0 39 932 / 80 30 0
Telefax 0 39 932 / 80 30-20
www.dorfhotel.com

Auf der anderen Seite des Schlosses ist der erste **Robinson Club** Deutschlands entstanden – mit einem ganzen Bündel von Angeboten: Tagsüber gehts zum Segeln oder Schwimmen an den nahgelegenen See, auf den Golfplatz oder zu einem der vielfältigen Ausflüge in die herrliche Natur der Müritz-Region. Fitness-Programm, Beauty-Center und Roby-Kinderclub runden das Programm ab.

Robinson Club Fleesensee
Penkower Str. 2
17212 Göhren-Lebbin
Telefon 0 39 932 / 80 20-0
Telefax 0 39 932 / 80 20-100
E-Mail fleesensee@robinson.de
www.robinson.de

Alle Urlauber im »Land Fleesensee« können, wenn sie wollen, sogar ihre Pferde mitbringen. Die **Reitanlage Fleesensee** bietet nach neuestem Standard gebaute Außenboxen für Gastpferde an. Und natürlich stehen 35 eigene Pferde und Ponys bereit, mit denen Gäste jeden Alters und Ausbildungsstandes reiten können. Herz der Anlage ist eine 20 x 60 m große Reithalle, ein Dressurviereck gleicher Abmessung und ein Springplatz. Der Höhepunkt sind natürlich die Ausreitmöglichkeiten auf dem ausgedehnten Reitwegenetz.

Reitanlagen GmbH Fleesensee
Am Burgwall 13
17213 Göhren-Lebbin
Telefon 0 39 932 / 8 28 48
Telefax 0 39 932 / 8 28 50
www.reitanlage-fleesensee.de

Badestellen gibt es in der Müritzregion natürlich im Überfluss – wer auf besonderen **Badespaß** Wert legt, der ist im Volksbad Waren richtig. Eine 60 Meter lange Wasserrutsche, gespeist mit frischem Müritzwasser, lädt ein zum großen Badevergnügen. Da bekanntlich der Müritzpegel immer Schwankungen unterworfen ist, landet man in einem extra gebauten Becken. Das Volksbad Waren ist ausgezeichnet mit der «Blauen Europa-Flagge«, die nur Sportboot-Häfen und Badestellen erhalten, die die hohen Ansprüche hinsichtlich Badewasserqualität, Umweltbewußtsein und natürlich Pflegezustand und Sicherheit erfüllen.

Wenn das Wetter mal nicht zum Baden in der Müritz einlädt, dann kann man auf die Müritz-Therme in Röbel ausweichen. Das Spaßbad bietet Karibikfeeling, Wasserrutsche, Kinderbecken, Sportbecken sowie Sauna und Solarium. Die Müritz-Therme ist täglich von 9.00 bis 22.00 Uhr geöffnet.

Müritz-Therme
Am Gotthunskamp 14
17207 Röbel / Müritz
Telefon 0 39 931 / 51490
www.mueritz.de/therme

Wenn Ihnen ein Känguru entgegenkommt, dann sind Sie schon nah dran – am **Tierpark Klüschenberg Burg Stargard** bei Neubrandenburg. Wenn Sie dann anhalten, es einfangen und zu Zoodirektor Andreas Schumann zurück bringen, ist Ihnen lebenslanger freier Eintritt im Tierpark sicher. Seit unbekannte Randalierer nach einem Einbruch im Zoo nicht die Türen hinter sich schlossen, sind einige Kängurus immer noch in freier Wildbahn unterwegs. Nur die weniger gewitzten Tiere konnten eingefangen werden. Dennoch lohnt sich ein Besuch im Tierpark Klüschenberg Burg Stargard. Neben den Kängurus gibt es im Tierpark Burg Stargard über 500 Tiere in 70 Arten zu sehen, darunter Leoparden, Rhesusaffen, Nasenbären und sogar Vogelspinnen. Kinder sind besonders willkommen, für sie gibt es extra Führungen gibt.

Kleiner Leopard im Tierpark Klüschenberg Burg Stargard.

Tierpark Klüschenberg Burg Stargard
Postfach 1129
17092 Burg Stargard
Telefon 03 96 03 / 2 02 26
oder 03 96 03 / 2 05 69
www.burg-stargard.de/tourismus/htm/tierpark.htm
Öffnungszeiten:
1. Mai bis 30. September
von 8.00–16.30 Uhr. An Wochenenden und Feiertagen bis 18.00 Uhr. 1. Oktober bis 30. April von 9.00–16.00 Uhr

Die Autoren der Landpartie

Ulrich Koglin

Ulrich Koglin, Jahrgang 1963, ist im schleswig-holsteinischen Ratzeburg geboren und dort aufgewachsen. Während seines Volkswirtschaftsstudiums arbeitete er zunächst bei der Produktionsfirma TV-Film-Nord GmbH und realisierte für den NDR erste Fernsehbeiträge. Seit 1987 ist er als freiberuflicher Fernsehjournalist für verschiedene Produktionsfirmen tätig, sein Hauptengagement allerdings gilt der NDR-Wirtschaftsredaktion in Hamburg. Für die Sendungen »Markt im Dritten« und »Plusminus« steuerte er jahrelang regelmäßig Beiträge auch über landwirtschaftliche Themen bei und hat die wirtschaftliche Entwicklung Mecklenburg-Vorpommerns für die Redaktion kontinuierlich journalistisch begleitet.

Die langjährige Freundschaft mit seinem Kollegen Achim Tacke führt 1998 zu einer festen Zusammenarbeit. Gemeinsam realisieren sie für den NDR längere Filme wie beispielsweise »Biopark – Landwirtschaft mit Zukunft?« (45 min. Dokumentation über die Entwicklung des ostdeutschen Bioverbandes) oder »Eine Arche für das liebe Vieh« (45 min. Reportage über selten gewordene Nutztierrassen der Welt). In Zusammenarbeit mit dem NDR und dem deutsch-französischen Kulturkanal ARTE drehten sie jüngst einen ganzen Themenabend mit drei internationalen Dokumentationen und Reportagen über die Folgen der Globalisierung für die Landwirtschaft Europas. Die Produktionsfirma TV-Film-Nord GmbH führt er inzwischen selbst, parallel zu seiner freien NDR-Tätigkeit.

Wichtigstes Projekt ist für Achim Tacke und Ulrich Koglin natürlich die »Landpartie – Im Norden unterwegs«, die sie nach langer Vorbereitung gemeinsam konzipierten und als Autoren und Regisseure für den NDR realisieren.

Ulrich Koglin ist verheiratet und lebt mit Frau und Kind auf einem Gutsbetrieb im Südosten Schleswig-Holsteins, unmittelbar an der Landesgrenze zu Mecklenburg-Vorpommern.

Achim Tacke

1953 wurde Achim Tacke in Goslar am Harz als Landwirtssohn geboren. Die Schuljahre verbrachte er in Düren und ab 1972 studierte er an der Kunsthochschule in Kassel Malerei, Film/Fernsehen. Seit 1979 ist er freier Fernsehjournalist. Sein erstes Feature drehte er für den WDR. Titel: »Alltag im Revier«. Es folgten weitere Features.

1981 drehte Achim Tacke »Das kleine Fernsehspiel« beim ZDF: »Jungfrauen zum ersten …«, ein Dokumentarfilm über Maibräuche in der Eifel. 1982 wählte er ein anderes Land als Wohnort: Umzug nach Imperia, Italien. 1983 folgte sein erstes Feature für den NDR: eine dreiteilige Serie »Zur Psychologie der …«. Sein erstes Landschaftsfeature »Weiches Öl aus Dolcedo« entstand 1986. Ein Jahr später stieg Achim Tacke als freier Mitarbeiter in die Landwirtschaftsredaktion des NDR ein. Weitere Features entstanden. 1988 zog er von Italien nach Hamburg um.

Es folgten auch Features für »Länder, Menschen, Abenteuer« sowie Beiträge für den ARD-Ratgeber »Reise« und für »Panorama«.

Mehrere Italien-Features für den SWF Baden-Baden. 1993 Dokumentarfilm über »Asinara, die verbotene Insel« für den NDR und ARTE. Es folgten weitere Arbeiten für Arte.

1998 »Mit vier PS ins Glück« – NDR-Feature und Gründung der Autoren-GbR mit Ulrich Koglin. Es entstanden mehrere Features und die Serie »Landpartie – Im Norden unterwegs«.

Bisher liefen 15 Folgen … und ein Ende ist zum Glück nicht absehbar.

Nachwort

Über ein Dutzend Folgen unserer »Landpartie – Im Norden unterwegs« sind inzwischen im NDR-Fernsehen gelaufen – und Heike, »die Frau mit dem Fahrrad«, ist schon fast so etwas wie ein Markenzeichen des NDR-Fernsehens geworden. Von Beginn an hat die »Landpartie« offensichtlich ihr Publikum gefunden:

Mit einem »Marktanteil« von jetzt durchschnittlich über 11 Prozent gehört die Reihe zu den erfolgreichsten NDR-Sendungen auf dem Programmplatz am Sonntag um 20.15 Uhr – und es gucken tendenziell immer mehr. Die Internetseite *http://www.ndr.de/tv/landpartie*, vermeldet zehntausende »Klicks« und die Flut der vielen, oft sehr persönlichen Zuschriften nach jeder Sendung fordern uns auf zu weiteren Folgen. Stoff dafür gibt es genug: Auch nach der fünfzehnten »Landpartie« ist es für uns als geborene Nordlichter immer noch überraschend, dass es in den oft als »platt« geschmähten Regionen Norddeutschlands so unglaublich viele interessante und schmackhafte Spezialitäten zu entdecken gibt, die oft von eigenwilligen, aber meist überaus sympathischen Menschen mit großem Engagement gepflegt werden. Ein Blick auf die Karte Norddeutschlands macht klar, dass wir erst einen ganz kleinen Teil mit dem Fahrrad und den Kamerateams abgefahren haben.

Wir haben glücklicherweise mit Heike Götz eine tolle Moderatorin, dazu ein klares Konzept und vor allem einen Sender, der es möglich macht, dass wir unter idealen Bedingungen arbeiten können. Ohne die in jeder Beziehung engagierten NDR-Teamkollegen, von den Kamera-Assistenten über die Tonleute bis hin zu den Kollegen in der Endfertigung wäre die »Landpartie« nicht denkbar. Alle sind hervorragend ausgebildet und, das kann man der Sendung ansehen, haben Spaß an der oft anstrengenden Arbeit für die »Landpartie«. Und was auf dem Bildschirm so locker und einfach aussieht, ist vor Ort oft genug nur dank einer sehr aufwendigen Technik möglich, die in dieser Form sich wohl nur ein Sender wie der NDR sinnvoll leisten und auslasten kann.

Viele Zuschauer sind Heikes Spuren gefolgt und mit dem Fahrrad selbst auf Entdeckungstour gegangen. Spätestens dabei wird klar – trotz der langen Sendezeit ist auch die »Landpartie – Im Norden unterwegs« immer unvollständig. Nur einen kleinen Teil der möglichen Drehorte können wir jeweils tatsächlich in der »Landpartie« unterbringen. Und nur ganz selten entspricht die Reihenfolge der Drehorte in der Sendung auch dem kürzesten Weg.

Die Sendung und auch dieses Buch sollen eine Einladung an die Zuschauer und Leser sein, selbst auf Entdeckungsreise in den norddeutschen Regionen zu gehen, bitte auch auf Pfaden, die wir nicht mit unseren Teams gegangen sind.

Ulrich Koglin und Achim Tacke

Register

»Landpartie«

Der erste Band für den kleinen Urlaub zwischendurch

Die »Landpartie« beweist: Norddeutschland bietet überraschend viele interessante und schmackhafte Spezialitäten, die von eigenwilligen, aber überaus sympathischen Menschen mit großem Engagement gepflegt werden. Wer sich auf die norddeutschen Regionen einlässt und sich etwas Zeit nimmt, wird überrascht sein von der Vielfalt des Nordens.
Das Buch ist eine Einladung an die Zuschauer und Leser, selbst auf Entdeckungsreise zu gehen. Sorgfältig zusammengestellte Informationen und Adressen erleichtern die eigene »Landpartie – Im Norden unterwegs«.

- 40 authentische reportageartige Moderationen und Gespräche mit den jeweiligen Bauern, Fischern oder Köchen und ihrer Geschichte
- Unterschiedliche Landschaften mit ihren spezifischen landwirtschaftlichen Traditionen und deren moderner Fortführung
- Unterhaltsame Informationen über die Herkunft von Agrarprodukten bzw. Lebensmitteln
- Land, Leute und ihre Lebensart: im Harz und in der vorpommerschen Boddenlandschaft, in den Vier- und Marschlanden (Hamburg) und in Nordfriesland

NDR (Hrsg.)
Ulrich Koglin • Achim Tacke

Landpartie
Im Norden unterwegs

2001. 136 Seiten,
125 Farbfotos,
14,0 x 22,8 cm, Softcover
ISBN 3-87706-833-2
€ 15,90